# A ÉTICA DO CUIDADO

Fabienne Brugère

# A ÉTICA DO CUIDADO

Tradução: Ercilene Vita

CONTRACORRENTE

São Paulo

2023

Copyright © EDITORA CONTRACORRENTE
Alameda Itu, 852 | 1º andar |
CEP 01421 002
www.loja-editoracontracorrente.com.br
contato@editoracontracorrente.com.br

EDITORES
**Camila Almeida Janela Valim**
**Gustavo Marinho de Carvalho**
**Rafael Valim**
**Walfrido Warde**
**Silvio Almeida**

EQUIPE EDITORIAL
COORDENAÇÃO DE PROJETO: **Juliana Daglio**
REVISÃO E PREPARAÇÃO DE TEXTO: **Douglas Magalhães**
REVISÃO TÉCNICA: **Amanda Dorth e Ayla Cardoso**
DIAGRAMAÇÃO: **Gisely Fernandes**
CAPA: **Maikon Nery**

EQUIPE DE APOIO
**Fabiana Celli**
**Carla Vasconcelos**
**Valéria Pucci**
**Regina Gomes**
**Nathalia Oliveira**

**Dados Internacionais de Catalogação na Publicação (CIP)**
**(Câmara Brasileira do Livro, SP, Brasil)**

---

Brugerè, Fabienne
    A ética do cuidado / Fabienne Brugerè ;
tradução Ercilene Vita. -- 1. ed. -- São Paulo :
Editora Contracorrente, 2023.

    Título original: L'éthique du care
    ISBN 978-65-5396-086-2

    1. Ciências sociais 2. Cuidado – Teoria
3. Mulheres – Aspectos sociais I. Título.

23-142647                                                          CDD-303.372

---

**Índices para catálogo sistemático:**

1. Cuidados : Teoria : Sociologia          303.372
Aline Graziele Benitez – Bibliotecária – CRB-1/3129

@editoracontracorrente
Editora Contracorrente
@ContraEditora

| | |
|---|---|
| 7 | **INTRODUÇÃO** |
| 13 | **CAPÍTULO I**<br>O TEMA DO CUIDADO. A VOZ DAS MULHERES |
| 15 | 1.1 A atenção em relação aos outros: uma outra psicologia moral |
| 16 | 1.2 O cuidado não é uma maternagem |
| 22 | 1.3 A voz indistinta das mulheres |
| 26 | 1.4 Como tomar conta do outro sem se perder a si mesmo? |
| 31 | 1.5 Um sexo da solicitude e do cuidado? Identidades sexuadas |
| 37 | 1.6 Antes uma ética que uma moral |
| 40 | 1.7 Como viver melhor? |
| 42 | 1.8 Tornar recíproco um mundo assimétrico |
| 45 | 1.9 Uma ética feminista |
| 53 | **CAPÍTULO II**<br>CUIDAR CONTRA O INDIVÍDUO LIBERAL |
| 56 | 2.1 O humano é fundamentalmente vulnerável, mas... |
| 61 | 2.2 A crítica ao homem liberal |
| 64 | 2.3 A guinada da filosofia prática no século XVIII |
| 67 | 2.4 Vulnerabilidade e crítica da identidade |
| 68 | 2.5 Uma ontologia do acidente |
| 70 | 2.6 Vulnerabilidade e dependência |
| 79 | 2.7 O bom cuidado |
| 89 | **CAPÍTULO III**<br>POR UMA DEMOCRACIA SENSÍVEL |
| 90 | 3.1 O uso neoliberal do "cuidar" |
| 99 | 3.2 A abordagem familiar do cuidado |
| 108 | 3.3 As práticas de cuidado |
| 118 | 3.4 O trabalho social |
| 124 | 3.5 Qual democracia sensível na França? |

| | |
|---|---|
| 127 | **CONCLUSÃO** |
| 129 | **BIBLIOGRAFIA** |
| 129 | 1 Referências bibliográficas |
| 133 | 2 Os grandes textos fundadores |
| 134 | 3 A recepção da ética do cuidado |
| 135 | 4 Documento |
| 135 | 5 Coleção |

# INTRODUÇÃO

Quando Carol Gilligan, em *Une voix différente*[1] [*Uma voz diferente*], defendeu a ideia de que as mulheres pensam a moral de uma forma diferente da dos homens, ela não se contentou em expandir a divisão dos sexos à moral. Em compensação, colocou em destaque um conceito muitas vezes ocultado e abandonado como um terreno baldio: o cuidado. Isso pode ter resultado em um desprezo em relação à atribuição do "cuidar" às mulheres.

Na realidade, a questão crucial estava em outro lugar: questionar as fronteiras da moral, a possibilidade de uma experiência inédita da vida moral de que as mulheres – de forma ampla, mas não exclusiva – acabam sendo, quando não as responsáveis, pelo menos as testemunhas. Uma nova voz emerge pedindo para ser problematizada, trazida à luz; inaugura um problema ao mesmo tempo filosófico, psicológico, sociológico e político: o do cuidado. É esse problema que pretendemos trazer à superfície, fazendo questão de mostrar que, na verdade, existe uma *caring attitude*, uma maneira de renovar o problema do laço social por meio da atenção com os outros, do "cuidar", do "cuidado mútuo", da solicitude ou da preocupação com os demais. Esses comportamentos apoiados em práticas, em coletivos ou em instituições inscrevem-se em uma nova antropologia que combina a vulnerabilidade e a relacionalidade, esta última sendo entendida em sua dupla vertente, a

---

[1] GILLIGAN, Carol. *In a different voice*. Cambridge: Harvard University Press, 1982. Na edição francesa utilizada: *Une voix différente*. Paris: Flammarion, 2008 ("Champs Essais").

da dependência e a da interdependência. Isso significa dizer que essa concepção do humano perscruta o lado oculto do individualismo, revelando seus pressupostos negativos. Não é, portanto, um acaso o fato de que a ética do cuidado tenha surgido na América de Reagan. No momento da celebração do indivíduo empreendedor, interessado em possuir sempre mais em meio a uma sociedade de mercado autorregulado, a ética do cuidado nos lembra que as cruzadas vitoriosas de uns só são possíveis porque outros, as mulheres, mas também as pessoas que precisam de um trabalho, os migrantes, garantem as tarefas do cuidado (das crianças, das pessoas idosas, dos empreendedores individuais etc.). Também nos lembra da necessidade de se renovar o Estado Social diante das novas formas de vulnerabilidade sociais, ambientais ou até mesmo vitais. Novos grupos sociais, novas formas de exploração dos indivíduos são, então, analisadas. E, assim, duas opções se legitimam.

A primeira delas é sustentar que as tarefas referentes ao cuidado, amplamente ocultadas ou tornadas invisíveis, devem ser reconhecidas como condição *sine qua non* para a atividade econômica. Não pode existir liberalismo e, *a fortiori*, neoliberalismo sem que se leve em conta as tarefas relativas ao cuidado. Essas tarefas possibilitam que, graças à atividade de alguns, outros se consagrem à conquista de fatias do mercado. Ao promover essa forma de reconhecimento e de delegação do cuidado, tal ética faz pensar em uma complementaridade a que os tipos atuais de separação entre o público e o privado – cuja voz não é ouvida – não fazem a devida justiça.

Não poderíamos ir mais adiante? Não poderíamos dar um passo a mais ao sustentar que precisamos zelar não somente pela complementaridade público/privado, mas, de um modo ainda mais básico, pelo seu questionamento? Elucidar as tarefas relativas ao cuidado, cuidar do próprio cuidado e das instituições que o fornecem não são somente operações que pedem para ser reconhecidas. Trata-se, na verdade, de desenvolver uma representação inédita referente à atenção com os outros e à responsabilidade social, colocando em questão uma sociedade em que o sucesso individual passa pela capacidade de o indivíduo se tornar um empreendedor de si, pouco preocupado com os outros ou com o coletivo. As concepções do cuidado demandam um novo campo de inteligibilidade que não pode facilmente se alojar nas velhas roupagens da separação tradicional entre o público e o privado, nem do tipo de sociedade (frequentemente patriarcal) que essa separação pressupõe. Na realidade, estão em jogo juntamente com a possibilidade de uma reformulação profunda da sociedade e de suas normas, com o questionamento de um funcionamento político adquirido de antemão nos primórdios do neoliberalismo.

É essa segunda filosofia, incomparavelmente mais vibrante que a primeira, que pretendemos explicitar, de acordo com três níveis de argumentação da ética do cuidado: a voz trazida pelo cuidado e a constatação das desigualdades de gênero; o "cuidar" da vulnerabilidade e das grandes dependências; a possibilidade de políticas públicas adaptadas a esses novos regimes de proteção dos indivíduos e de promoção de uma igualdade real entre mulheres e homens. A ética do cuidado não consiste em uma reorganização regional dos abusos do neoliberalismo, é antes uma revolução teórica e prática. Essa é a convicção que queremos expor.

Os fundamentos dessa ética se apoiam na necessidade de considerar os seres humanos como seres de carne e osso, relacionais, em contraposição a qualquer tentação objetivante da moral. Ao mesmo tempo, essa ética tão recente, estruturada pela referência a uma inteligência não separada dos afetos, toma caminhos muito diferentes de acordo com os autores e as autoras que a defendem: existem éticas do cuidado mais ou menos políticas, mais ou menos feministas, mais ou menos críticas em relação ao neoliberalismo. Eis por que, às vezes, precisamos falar em ética do cuidado e, outras, em éticas do cuidado.

Este livro propõe uma introdução à ética do cuidado. Dessa forma, privilegiamos os textos fundadores norte-americanos e deixamos de lado a forma como foram recebidos na França.

CAPÍTULO I

# O TEMA DO CUIDADO. A VOZ DAS MULHERES

A ética do cuidado surge como a descoberta de uma nova moral cuja voz se precisa reconhecer em um mundo que não dispõe da linguagem adequada para exprimir e valorizar tudo o que se refere ao trabalho do "cuidar" e ao sentimento de responsabilidade em relação ao bem-estar do outro. Ora, as atividades de cuidado, qualquer que este seja, viabilizam condutas e um desenvolvimento psíquico benéfico para a sociedade: um senso de atenção em relação ao outro, de responsabilidade e de ajuda mútua. São um grande antídoto contra uma psicologia que, nas atitudes de cada indivíduo, somente leva em conta o interesse pessoal ou a construção de um eu autônomo fechado sobre si mesmo. A teoria do cuidado é inicialmente elaborada como uma ética relacional estruturada pela atenção com os outros. Nenhum ser humano se basta; fundamentalmente vulneráveis e interdependentes, os indivíduos frequentemente recorrem, em um ou outro momento de suas vidas, a relações de proteção, de ajuda ao seu desenvolvimento, de cura da dependência. Entretanto, essas relações são ignoradas, diminuídas, desprezadas.

O questionamento sobre a moral se enraíza em uma constatação acerca das desigualdades de gênero, baseada na convicção de que as mulheres não abordam os problemas morais da mesma maneira que os homens, o que é algo espantoso, visto que a moral sempre é considerada como universal e despojada de tais divisões. Na verdade, a ética do cuidado preconiza a suspensão da idealização de uma moral majoritária imposta por um poder patriarcal; ao fazer isso, investe novamente no campo da psicologia do desenvolvimento e das fases da vida para defender a expressão de um discurso moral sufocado, que reata os laços com as vidas comuns, com as indecisões, com as dificuldades de conseguir uma solução, apesar de toda uma vida psíquica canalizada pelo supereu moral. O desafio é o de deslocar as fronteiras da moral ao fazer com que as vozes discordantes das mulheres possam intervir. Para muitas mulheres, "a pessoa moral é a que ajuda os outros", a bondade sendo, então, definida como o fato de servir, de cumprir suas obrigações e suas responsabilidades em relação ao outro.[2] Como, então, conciliar essa visão da "vida boa" com a teoria moral dos psicólogos desenvolvimentistas que apresenta como superior uma moral ancorada na vontade e nas ações imparciais e desinteressadas?

Essa ética anti-intelectual nasceu na América de Reagan, durante os anos 1980, no momento em que se desfaz – em proveito de um capitalismo financeiro que a princípio deveria se autorregular – o Estado-Providência, herdado da declaração da Filadélfia, dos acordos de Bretton Woods e da criação da Organização das Nações Unidas.[3] Tal ética foi inicialmente

---

2   GILLIGAN, Carol. *Une voix différente*. Paris: Flammarion, 2008, p. 109.
3   Em SUPIOT, Alain. *L'esprit de Philadelphie* [*O Espírito de Filadélfia*].

elaborada de forma modesta, por meio de uma reflexão sobre o peso psicológico do trabalho de cuidar, sobre sua invisibilidade e sobre o lugar bastante minoritário de todas as formas de relação por ele geradas nos casos de trabalhos ligados ao desenvolvimento moral. Mais genericamente, ela se situa no âmbito de uma corrente de ideias que defende que todos os laços humanos não podem ser reduzidos a trocas comerciais, em um retorno ao valor humano que não se reduz a uma mercadoria que passa pela requalificação da "questão social" e, sobretudo, de seus fundamentos psicológicos e morais.

## 1.1 A atenção em relação aos outros: uma outra psicologia moral

Pregando um feminismo que atualiza o *slogan* "o privado é político", as éticas do cuidado trouxeram uma crítica à voz majoritária, normalmente masculina, do raciocínio moral e de seu arsenal de princípios, regras e valores intangíveis. Com o objetivo de fazer com que se ouça uma outra voz, minoritária, amplamente ancorada na experiência das mulheres, o sentimento de responsabilidade em relação aos outros, as éticas do cuidado convocam para a urgência do "cuidar" (que nos remete ao *caring*).

Nos anos 1980, duas orientações teóricas distintas apresentam esse tema, uma a partir de Carol Gilligan, em *Une voix différente* (*In a different voice*), livro publicado em 1982, e outra com Nel Noddings, em *Caring* [*O cuidado: uma abordagem feminina à ética e à educação moral*], de 1984, obra não traduzida para o francês. Se a ética de Gilligan efetivamente marcou sua

> Paris: Le Seuil, 2010, Supiot incentiva, aliás, a que atualmente se renovem os laços com essa ordem internacional tal como ela havia sido construída no final da Segunda Guerra Mundial, a partir da pedra angular representada pela justiça social.

época – há vários anos, teve um forte impacto sobre a evolução das ciências humanas e suscitou uma explicitação política do conceito de cuidado, inclusive na França –, a orientação proposta por Noddings, por sua vez, acabou ficando mais à margem, visto que se fecha em um naturalismo feminino construído pela norma do cuidado, que é baseada na maternagem. Essa segunda orientação perturbou a mensagem trazida pelo cuidado, tornando-a inaudível. Conseguiu fazer com que se acreditasse em uma nova essência ou identidade das mulheres que seria reorganizada por meio do cuidado, prioritariamente pensado pela maternagem enquanto assunto reservado exclusivamente às mulheres. Compreender o seu propósito é, inclusive, essencial para melhor identificar as leituras descuidadas ou de má-fé que foram feitas a respeito do cuidado. Nesse caso, a ética do cuidado desenvolve a perspectiva de uma complementariedade entre os homens e as mulheres, estas sendo reenviadas à esfera tradicional dos sentimentos maternos a ponto de se chegar à defesa de um pensamento característico das mães. Ora, a partir dessas teses, essa ética corre o risco de se fechar em uma teoria social e política conservadora, uma vez que o lugar das mulheres retorna ao da imagem materna e da educação que as mães fornecem.

## 1.2 O cuidado não é uma maternagem

Nel Noddings é o maior expoente dessa corrente maternalista. Enquanto especialista das questões referentes à educação, pretende ressaltar os benefícios de uma ética do cuidado feminino em contraste com uma moral masculina que confina o amor e a justiça em um universo impessoal desvinculado das urgências da vida cotidiana.[4] Em *Caring: a feminine approach*

---

4 NODDINGS, Nel. "Caring". *In*: HELD, Virginia (Coord.). *Justice and Care*: essential readings in feminist ethics [*Justiça e* cuidado: leituras

*to ethics and moral education*, ela defende, por um lado, que as disposições éticas próprias ao cuidado devem ser baseadas em virtudes femininas e, por outro, que a atitude de cuidado (*caring attitude*) é estruturada pelo modelo da relação mãe-filho(a), a maternidade sendo então entendida como uma experiência biológica e psicológica específica, capaz de servir de alicerce para uma concepção da cooperação social que se baseia no cuidado. O ponto de partida é a defesa de uma ética natural dos sentimentos, aquela que consiste em cuidar dos outros. Essa ética se ancora ao mesmo tempo na possibilidade da escuta (*receptivity*), da relacionalidade (*relatedness*) e de um senso de atenção (*responsiveness*). Tal teoria moral se torna um contraponto a toda uma tradição filosófica racionalista e masculina, para implantar um ideal ético de preocupação com os outros que tem suas raízes na experiência moral das mulheres. Nel Noddings coloca a possibilidade que as mulheres têm de ser mãe como ponto de apoio de sua reflexão. O valor atribuído ao cuidado e à atenção educativa é feminino; ele exprime uma maior sensibilidade moral das mulheres, relacionada à possibilidade do amor materno. Da maternidade à maternagem, o resultado é interessante. No entanto, dessa forma, a mulher fica circunscrita a um retrato-falado que a congela, reduz e exclui todas as mulheres que não cabem nesse retrato. Assim, não há como defender os valores femininos sem se fazer uma reafirmação da matriz heterossexual.

Aliás, a descrição da relação de cuidado é inserida dentro de uma ética do amor que opta pelo naturalismo moral. Mais especificamente, a atitude do provedor de cuidado é analisada como uma atitude de receptividade totalmente orientada em direção ao outro, que possibilita a empatia à medida que o provedor de cuidado adota o ponto de vista do outro de forma

essenciais sobre ética feminista]. Boulder: Westview Press, 1995, p. 18.

natural, e não como uma forma de tomada de poder por parte daquela ou daquele que fornece o cuidado sobre uma vida dependente.

Se um dos méritos dessa revalorização do cuidado é o de criticar a posição tradicionalmente dominante do provedor de cuidado, na tentativa de introduzir relações mais horizontais, o erro desse raciocínio é que promove, de maneira normativa, uma ética do amor originária das virtudes supostamente femininas ligadas ao cuidado com os outros. A descrição psicológica da relação de cuidado permite que se revelem alguns de seus pressupostos: imensa responsabilidade, tensão entre exigências muitas vezes contraditórias, cansaço ligado à atenção exigida e deslocada em direção ao outro, referente a essa nova ética do amor. Se o cumprimento da relação supõe a figura do beneficiário de quem o provedor espera uma resposta, em contrapartida, a especificidade do cuidado pressupõe um reconhecimento mútuo. Mais especificamente, ela consiste na reivindicação de um mundo melhor, em que as cadeias de cuidado podem se desenvolver a partir das lembranças que cada um possui das relações em que se encontra. A sensibilidade e a memória participam da instauração de uma atitude ética que, enraizada em disposições naturais e femininas diante do cuidado, remete, entretanto, a uma atividade cultivada cotidianamente: o cuidado não depende somente de uma disposição, mas também de exercícios repetidos cujo centro de gravidade é uma grande atenção para com o usuário. Ainda que essa teoria retome o ideal de construção de uma ética da não violência contrária a todas as formas de dominação, isso não altera o fato de que pensar as mulheres como seres devotados à relacionalidade e ao cuidado com os outros seja algo que merece uma discussão. Como escreve Nel Noddings, por que deveríamos tomar como certo que as mulheres preferem pensar os problemas morais a partir de situações concretas?[5] Por que se engajariam mais facilmente em relações pacíficas, e os homens, por sua vez, em interações que misturam agressividade e frieza? Tal ética suscita instantaneamente a dúvida, ainda mais porque se baseia em caracterizações corriqueiras do feminino que foram sendo naturalizadas. De que forma as mulheres poderiam tornar o mundo social menos feroz, investindo-se na esfera pública com o objetivo de nele implantar sua visão de mundo, enquanto as representações masculinas e femininas não forem de alguma forma abaladas e as relações de dominação continuarem intocáveis? As mulheres seriam idealmente os agentes de uma educação moral de que o cuidado é a peça-chave e que elas podem, inclusive, oferecer, uma vez que carregam sozinhas a possibilidade da transmissão dessas formas de abertura em relação ao outro.

Um tal modelo do cuidado se presta facilmente à caricatura, pois traz em si mesmo seus próprios limites. De um lado, torna bem visível o devir das mulheres em todo o mundo: o cuidado com os próximos, a harmonização da família, a convocação para o cuidado com os outros, levando-as até ao sacrifício de si. De outro, ocorre à custa de um congelamento da imagem feminina, o que aparece como uma volta atrás em relação às desconstruções do pensamento *straight*[6] que nos ensinaram a necessidade de ultrapassar as categorias alienantes "homem/ mulher". A mulher é novamente alojada em uma identidade intangível e em uma existência determinada.

Essa associação continua a manter as mulheres distantes da vida pública, já que estabelece uma estratégia política que

5 NODDINGS, Nel. "Caring". *In*: HELD, Virginia (Coord.). *Justice and Care*: essential readings in feminist ethics. Boulder: Westview Press, 1995, p. 23.

6 WITTIG, Monique. *La pensée straight* [*O pensamento hétero e outros ensaios*]. Paris: Éditions Amsterdam, 2007.

retoma a expressão de uma natureza feminina eterna, porém dominada. Pois essa abordagem retira do cuidado sua tradição de luta pela liberação das mulheres, fechando-o em um novo essencialismo. Dessa forma, a mulher maternal e "maternante" aprisiona as mulheres em um dispositivo que as priva de qualquer possibilidade de liberação igualitária em relação ao homem. Assim, quando, nos dias de hoje, Sara Ruddick apela para um "pensamento maternal", como uma totalidade feita ao mesmo tempo de reflexão, de discernimento e de emoção,[7] ela mantém preconceitos que acabam se voltando contra uma política de emancipação das mulheres. Certamente, esse modo de pensar, que vem decerto em contraposição à hegemonia da razão lógica no mundo intelectual, é utilizado na análise da esfera familiar em que a atenção aos mais frágeis, a proteção, o cuidado e a manutenção dos laços afetivos, geralmente atribuídos às mães, vêm se opor diretamente às diferenças de posição, à autoridade potencialmente injusta e abusiva. As teorias da justiça, que normalmente consideram a família como pertencente à esfera privada, não conseguem perceber os sentimentos e as ligações que atravessam essa unidade social específica cujos membros mais vulneráveis (as crianças) encontram-se em um devir. Não conseguem estabelecer um lugar para relações assimétricas entre pais e filhos, bem como entre o pai e a mãe. Por que então não pensar em uma política familiar que tornaria visível a ação idealmente amorosa das mães? A reconhecida atividade das mulheres em termos de construção afetiva e de proteção dos mais vulneráveis seria, então, uma maneira de contornar a violência inerente à esfera familiar, reduzida a um modelo patriarcal alheio ao ideal moral de uma justiça estruturada pela igualdade fundamental entre as pessoas. Para Ruddick,

---

7 RUDDICK, Sara. *Maternal thinking*: toward a politics of peace [*Pensamento maternal*: em direção a uma política da paz]. Boston: Beacon Press, 1995.

as mulheres podem reparar uma violência social ligada a um masculino forte e a um feminino fraco.

Ruddick desenvolve teses mais convincentes que Noddings, pois deixa de lado qualquer naturalismo moral ligado ao gênero. Com ela, podemos enfim defender a necessidade manifesta de repensar o espaço familiar não como um espaço privado, mas como um lugar de relações que são ao mesmo tempo públicas e privadas, o que supõe que se leve em conta – em relação à dominação – tudo o que escapa às instituições e passa por relações pessoais envolvidas por normas de poder. Em contrapartida, porém, como acreditar em uma tal estruturação de um pensamento materno voltado para a paz e para a coexistência pacífica em oposição a um pensamento masculino violento, enquanto os espaços públicos e privados estiverem fortemente imbricados um no outro e as relações de poder estiverem presentes nas atividades mais cotidianas?[8] O pensamento maternal continua na voz das dominadas, condenado ao silêncio, impedido de manifestar sua violência específica.

Na verdade, aderir a uma ética do cuidado que anuncia uma "natureza" ou um "pensamento feminino" voltado para a maternidade e seus valores é construir um ideal do cuidado e da educação que não considera as relações de poder, do patriarcado, ao mesmo tempo que reafirma uma diferença entre os sexos a partir de seus principais estereótipos. Se as teorias do cuidado defendem uma moral pragmática, uma psicologia situacional, como poderiam, portanto, ser tão normativas e naturalistas? As atualizações contemporâneas dessa corrente teórica não mudam em nada a questão; as mulheres são

---

8 YOUNG, Iris. *Justice and the Politics of Difference* [*Justiça e a política da diferença*]. Princeton: Princeton University Press, 1990, capítulos I e II: a dominação ligada ao poder se reflete nas relações mais pessoais e nas atividades mais individuais, mais cotidianas.

novamente enviadas à construção heterossexual do mundo e à sua normalidade sexuada.

## 1.3 A voz indistinta das mulheres

O alcance do livro de Carol Gilligan é totalmente outro. Permite que as éticas do cuidado encontrem suas bases na teoria feminista e na guinada particularista da filosofia moral. Em *Une voix différente: pour une éthique du care* [*Uma voz diferente: teoria psicológica e o desenvolvimento feminino*], Carol Gilligan não tem como propósito a defesa de uma moral feminina, nem a defesa da maternidade como destino para as mulheres. Para ela, não se trata de pensar uma moral das mulheres diferente da dos homens, proveniente da esfera dos bons sentimentos. Como escreve atualmente de forma muito clara, seu objetivo sempre foi o de colocar em questão as certezas já estabelecidas acerca da moral para fazer surgir práticas baseadas no cuidado com os outros que são subestimadas por serem, em sua grande maioria, exercidas por mulheres.

Ser feminista começa pela necessidade de fazer com que sejam ouvidas algumas vozes tornadas inaudíveis, a fim de pensar uma ética da igualdade de vozes em oposição à dominação masculina ligada a uma norma moral que serve a essa dominação e que lhe traz benefícios. Com esse propósito, em um primeiro momento, Gilligan denunciou um problema metodológico recorrente nas teorias do desenvolvimento moral de Piaget ou de Kohlberg: a exclusão das mulheres. De acordo com esses psicólogos, as mulheres, menos aptas à abstração, não conseguiriam se alçar até as normas da perfeição moral constituídas pela autonomia individual e pela capacidade de justificar racionalmente sua conduta.

Assim, Kohlberg, com quem Gilligan inicialmente trabalhou, situa a chave da atitude moral no desenvolvimento de um eu autônomo, capaz de avaliar as situações morais problemáticas de modo imparcial, tarefa que, segundo suas pesquisas, os homens cumpririam melhor que as mulheres, atestando, assim, a maturidade moral mais elevada dos primeiros. No terreno delicado dos dilemas morais (todas essas situações em que valores morais entram em conflito e tornam qualquer decisão muito difícil), Kohlberg desenvolve a ideia de que as mulheres não sabem justificar as escolhas referentes à sua conduta, enquanto os homens conseguem explicar melhor as razões para os comportamentos que apresentam. Gilligan expõe a metodologia de Kohlberg, os resultados a que ele chega por meio de um número específico de pesquisas, para apontar com mais propriedade suas falhas científicas ligadas à tendência dos teóricos do desenvolvimento em projetar uma imagem masculina em suas reflexões. Mais especificamente, Gilligan lembra que Kohlberg se preocupa basicamente com a exploração da lógica na resolução de um conflito entre duas normas morais. É exatamente dentro desse âmbito que ele interpreta o encaminhamento moral de Amy e de Jack, ambos com onze anos. Pede-se a essas crianças que resolvam um dos dilemas que Kohlberg havia concebido a fim de avaliar o desenvolvimento moral dos adolescentes: "nesse dilema, um homem chamado Heinz se pergunta se, para salvar a vida de sua mulher, deve ou não deve roubar um medicamento que não tinha os meios suficientes para comprar".[9] Jake responde sem hesitação que Heinz deveria roubar o medicamento. Constrói o dilema como um conflito a ser resolvido entre o direito de propriedade e o direito à vida, defendendo a prioridade deste último e concluindo que o marido deve transgredir a lei, ainda que isso o leve à prisão. Para Jake, resolver esse conflito moral

---

9  GILLIGAN, Carol. *Une voix différente*. Paris: Flammarion, 2008, pp. 49/50.

equivale a tratá-lo como uma espécie de problema matemático projetado sobre seres humanos. Do ponto de vista de Kohlberg, essa criança deixou os estágios um e dois do desenvolvimento moral que dizem respeito às necessidades dos indivíduos e atingiu os estágios três e quatro, caracterizados por uma autonomia nascente que toma a forma de uma aceitação ponderada dos princípios de justiça ancorados nas convenções. Está no bom caminho para atingir os estágios superiores da compreensão moral, fundados em uma justiça em que os indivíduos autônomos privilegiam ao mesmo tempo a igualdade e a reciprocidade. As conclusões são bem diferentes em relação a Amy, que, do ponto de vista de Kohlberg, manifesta uma falta de lógica à medida que não raciocina dentro de um sistema de regras, mas concebe o problema moral como uma narrativa de relações humanas: o valor da vida da mulher é posto no campo da convicção humanitária. Não custa muito ao farmacêutico dar o medicamento e ser assim o salvador de uma vida, em vez de ser aquele que afundará o casal em uma tragédia. Amy propõe que Heinz converse com o farmacêutico, explicando-lhe a urgência da situação e da responsabilidade que lhe cabe. De acordo com a escala de Kohlberg, Amy se situa entre os segundo e terceiro estágios do desenvolvimento moral; fica muito presa a uma fé inocente nas relações humanas e não consegue refletir a partir de uma concepção de justiça que a faria examinar a lógica das verdades morais recebidas.

Para Gilligan, o que está em jogo, na verdade, é o método de investigação de Kohlberg. Amy frustra os pressupostos da questão posta por Kohlberg, segundo a qual a moral é uma questão de lógica; constrói o problema de outra forma, considerando como Heinz poderia agir da melhor maneira para responder à necessidade de sua mulher e, assim, poder justamente continuar com ela e não ir para a prisão:

O mundo que ela conhece é, todavia, diferente daquele que reflete a construção de Kohlberg para o dilema de Heinz. Seu mundo é povoado de relações humanas e de verdades psicológicas, um mundo em que a conscientização acerca das relações entre os indivíduos dá lugar a um reconhecimento das responsabilidades que temos, uns em relação aos outros, a uma percepção da necessidade de se responder às necessidades do outro.[10]

Amy e Jake não habitam o mesmo mundo. Por isso, segundo Gilligan, não se deve introduzir uma hierarquia moral a partir de seus respectivos propósitos, mas pensar sobre as diferenças que culminam em dois tipos de moral. Como esclarece o primeiro capítulo de *Uma voz diferente*, o lugar da mulher se torna incerto e condenado ao apagamento quando é elaborado a partir do ciclo de vida masculino. O comportamento masculino é, então, considerado como a norma e o comportamento feminino como um tipo de desvio.

Ao mesmo tempo que, para Kohlberg, existe uma moral superior ancorada no raciocínio lógico, geralmente produzido por homens, Gilligan afirma que as mulheres constroem o problema moral de uma forma diferente, centrando o desenvolvimento moral sobre a compreensão das responsabilidades partilhadas e das relações humanas. Essa moral revela uma preocupação fundamental com o bem-estar do outro e com a necessidade de ajuda mútua. Ao contrário, a concepção da moral em Kohlberg não faz senão refletir o agenciamento de poder e de saber dentro de um pensamento já estabelecido, masculino, que se diz universal, racional e supostamente referente a todos os seres humanos. Se as teorias do desenvolvimento consideraram, até os dias atuais, que o modo de julgamento masculino era mais apropriado que o das mulheres, Gilligan

---

10 GILLIGAN, Carol. *Une voix différente*. Paris: Flammarion, 2008, p. 57.

abre efetivamente um caminho para a voz das mulheres. Em vez de hierarquizar as diferenças entre Jake e Amy, ela coloca em campo a descrição de dois tipos de ética, uma de acordo com a justiça e outra de acordo com o cuidado. Enquanto o primeiro encaminhamento foi por muitas vezes elaborado por meio da referência ao sujeito de direito e a um indivíduo que se desenvolve por força da separação afetiva, o segundo foi negligenciado. Trata-se aqui de nomear e de dar conta de uma ética que se assenta sobre um sentimento muito forte de responsabilidade em relação ao outro e a suas necessidades. As mulheres são basicamente vulneráveis porque lhes falta poder e capacidade de fazer com que seus critérios sejam reconhecidos.

## 1.4 Como tomar conta do outro sem se perder a si mesmo?

Em contraposição a uma discrição ligada às práticas de poder/saber masculinas, Gilligan pretende fazer com que a voz das mulheres seja ouvida. Assim, os dois capítulos consagrados à interrupção voluntária da gravidez funcionam como uma maneira de escutar a voz das próprias mulheres em um terreno (esse também é o caso da contracepção) no qual elas têm o poder de decidir. A interrupção voluntária da gravidez é exemplar no que tange ao conflito específico da voz feminina, conflito entre o eu e o outro, entre a autonomia e a atenção às necessidades do outro. Saber como as mulheres constroem a decisão de abortar permite entender melhor quais possibilidades de desenvolvimento ou de progressão estão em jogo nos momentos de extrema dificuldade, em que a escolha é irrevogável, em que a relação com o cuidado, enquanto preocupação com o outro, parece estar em perigo. Gilligan analisa a questão do aborto para mostrar de que forma, em uma situação tão difícil para as mulheres, pode estar em jogo uma experiência de responsabilidade em relação ao outro e, ainda mais fundamentalmente, de que forma se estabelece uma verdade do cuidado enquanto preocupação.[11] No caso da interrupção voluntária da gravidez, as mulheres devem poder tomar a decisão por si mesmas, com a consciência de sua própria condição, deixando de lado tudo o que as impeça de decidir: de um lado, o egoísmo característico da situação de necessidade, e de outro, a visão convencional do cuidado. Particularmente, essa última postura, apta a representar uma "bondade das mulheres" sob a forma do sacrifício de si mesmas, pode se impor como uma solução fácil, uma vez que incarna uma feminidade imposta. Comporta muito bem a voz abafada e cheia de solicitude das mulheres enquanto não associam a preocupação com os outros à preocupação consigo mesmas. Para muitos, abortar é renegar essa feminidade sob a forma materna. A decisão de abortar é então confrontada a uma armadilha, pois coloca a feminidade em conflito consigo mesma, mais precisamente em conflito com uma moral convencional que funciona como um imperativo referente à preocupação com os outros, quaisquer que sejam as circunstâncias. Altera, portanto, o próprio gênero que é a feminidade, constituída historicamente por uma separação entre o doméstico e o público, associada à atenção com o outro, ao que normalmente nomeamos como um "sentido de proteção", expressão que apaga toda a construção social do papel de protetora.

Os encontros realizados por Gilligan foram concebidos para ajudar as mulheres a saírem dessa feminidade imposta e situarem sua decisão no âmbito de um questionamento ético que deve se tornar feminista: como vou levar minha vida? A decisão de abortar deve ser relacionada, de alguma forma, a uma avaliação

---

11 Para a leitura das teses de Gilligan sobre o aborto, ver BRUGÈRE, Fabienne. *Le sexe de la sollicitude* [*O sexo da solicitude*]. Paris: Le Seuil, 2008, pp. 112-115.

da situação, que é uma situação de vulnerabilidade da própria mulher (viva ela sozinha ou com um companheiro, tenha ou não um trabalho, passe por experiências de precariedade ou de exclusão etc.).

Decidir abortar pressupõe um encaminhamento clínico das mulheres, uma capacidade de tomar consciência de sua própria situação e de poder compreendê-la em meio à complexa rede de interdependências que então dá lugar a uma narrativa pessoal, em oposição a qualquer determinação moralizadora proveniente da ideia do feminino enquanto gênero da solicitude. Contra a armadilha ancestral da abnegação de si, a ética do cuidado deve abandonar o lugar trivial da bondade altruísta para desenvolver uma verdade prática, a que exprime de modo eficaz o eu das mulheres como o de quem toma uma decisão apesar das tensões, dos conflitos e das visões convencionais sobre a feminidade. O eu segundo o cuidado não é certamente um eu apartado – isso seria renovar os laços com o egoísmo do estado de necessidade –, mas é um eu interdependente, preocupado. As mulheres podem se construir por meio dessa experiência que, entretanto, ao mesmo tempo, ameaça a sua integridade: a linguagem moral pode evoluir, trazer um cuidado que não seja mais sustentado somente pelo medo de prejudicar o outro, mas que se conforme a uma "ética do bem-estar do outro"[12] fundada sobre a interdependência entre o eu e o outro, em que o sucesso seria a possibilidade de fazer coincidir senso de responsabilidade e atenção com o outro.

A perspectiva de Gilligan, que poderia ser analisada, de forma injusta e não convincente, como uma crença um tanto quanto ingênua no poder da comunicação e como a defesa de um modo de resolução de conflito que não se choca contra ninguém, traz em si um horizonte bem mais ambicioso, que

---

12 GILLIGAN, Carol. *Une voix différente*. Paris: Flammarion, 2008, p. 123.

inseriu a ética do cuidado nas discussões sobre os fundamentos da psicologia moral dos indivíduos. A voz diferente das mulheres não fica mais sufocada; torna-se a voz diferente da ética do cuidado quando faz realmente surgir uma ética da responsabilidade que se distingue do sacrifício de si. Essa ética deve permitir que se resolva a tensão entre o que é bom para si e o que não prejudica o outro. Se a interação entre o eu e o outro está exatamente na origem dessa moral, ela deve, então, permitir que se saia da oposição individualista entre o eu e o outro em favor da consideração de uma perspectiva de interdependência e de cooperação.

Gilligan, aliás, colocou os holofotes sobre um novo feminismo, reivindicando uma voz moral diferente, a das mulheres, voz extremamente silenciada, estruturada por uma atenção com os outros, um "cuidar" efetivo, mas não reconhecido, que condena a uma atitude compassiva e de sacrifício de si. Esse feminismo oferece uma visão mais clara do desenvolvimento das mulheres a fim de suscitar uma visão mais global das relações entre as mulheres e os homens, a fim também de completar uma moral de direitos com uma ética da responsabilidade (devemos ainda lembrar o quanto essa moral foi bravamente conquistada pelas mulheres, apesar de ainda incompleta ou ausente em certos países). A questão do feminismo é, então, a de conciliar uma concepção da responsabilidade reconhecida como ética do cuidado e uma compreensão dos direitos. O conceito de direitos transforma os julgamentos morais sobre as mulheres, tornando-os mais tolerantes. O senso de responsabilidade em relação ao outro deve permitir aos homens o desenvolvimento da cooperação social, em detrimento da agressividade e da separação. Trata-se de fazer com que a voz tradicionalmente trazida pelas mulheres coincida com a voz valorizada, ostentada pelos homens, a fim de afirmar um pluralismo dos valores morais, uma bipolaridade que tem sua origem nas duas constantes do ciclo vida humana: o vínculo e a separação.

Gilligan foi capaz de servir de porta-estandarte para as mulheres que têm sua identidade vinculada ao cuidado, mas também para todas as pessoas designadas para o cuidado que são invisibilizadas, não reconhecíveis. Fez com que se tomasse consciência de que esses modos de existência sofrem uma dominação específica, baseada numa exploração de sua capacidade de ajudar ou de cuidar dos outros, em detrimento de sua própria integridade. A ética do cuidado deve ser pensada a partir da descrição de situações de tensão em que atuam protagonistas submetidos a uma grande vulnerabilidade. Por um lado, essas relações representam redes de vulnerabilidade em que o esquecimento de si é uma manifestação da ausência de poder. Por outro, essas situações dão exemplos de condutas que não condizem com regras ou princípios *a priori* aplicados em casos específicos. Manifestam uma preocupação com a interdependência do mundo, uma atenção para com os necessitados. Fazer do cuidado uma ética que vem a alimentar a da justiça, fazer do sujeito de necessidade um complemento do sujeito de direito é desenvolver com Gilligan um pluralismo de valores. Também é, certamente, fazer parte de uma crítica ao patriarcado, insistindo na necessidade de dar a palavra a todas e todos (mulheres, imigrados, operários etc.) que constituem o exército das sombras dos provedores de cuidado, atores injustamente esquecidos pelo mundo capitalista convertido ao individualismo jurídico. Como atualmente escreve Gilligan,[13] em um olhar retrospectivo sobre *Uma voz diferente*, a ética do cuidado é profundamente democrática pois é pluralista e engajada em promover vozes de resistência às dualidades

13 GILLIGAN, Carol. "Un regard prospectif à partir du passé" ["Um olhar prospectivo a partir do passado"]. *In*: NUROCK, Vanessa (Coord.). *Carol Gilligan et l'éthique du care*. Paris: PUF, 2010.

e às hierarquias produzidas pelo gênero nas sociedades de mercado. Nesse sentido, ela é, como o multiculturalismo, uma política de reconhecimento da diferença.[14] Mais ainda, faz parte do combate político do feminismo e não é um discurso naturalista ou diferencialista que glorificaria as virtudes femininas: "uma ética feminista do cuidado é uma voz diferente porque é uma voz que não veicula as normas e os valores do patriarcado; é uma voz que não é governada pela dualidade e a hierarquia do gênero, mas que articula as normas e os valores democráticos".[15] A atenção em relação aos outros e a responsabilidade diante das necessidades do mundo têm um sentido eminentemente político e social: fazer com que todas as vozes sejam ouvidas, particularmente as que não participam dos processos de decisão, sejam eles quais forem. Se cuidar dos outros é algo que deve ser feito em silêncio, esta é uma prova de que nossas sociedades ainda não são totalmente democráticas. A voz das mulheres merece ser ouvida para que se torne uma temática para o gênero humano e para então produzir o laço social e um maior bem-estar coletivo: a ajuda recíproca, a solidariedade ou a fraternidade são provenientes dessa voz do(a)s dominado(a)s, finalmente ouvida e transformada em verdade.

## 1.5 Um sexo da solicitude e do cuidado? Identidades sexuadas

A ética do cuidado abrange diferentes formas de atenção com o outro que podem ser traduzidas pelos conceitos de solicitude e de cuidado: o primeiro exprime a capacidade de se

---

14 TAYLOR, Charles. *Multiculturalisme* [*Multiculturalismo*]. Paris: Champs Flammarion, 1994 (tradução francesa).

15 NUROCK, Vanessa (Coord.). *Carol Gilligan et l'éthique du care* [*Carol Gilligan e a ética do* cuidado]. Paris: PUF, 2010, p. 25.

preocupar com os outros e a conduta específica que consiste em se preocupar com os outros, identificados por uma necessidade ou uma vulnerabilidade muito grande; o segundo, por sua vez, reagrupa um conjunto de atividades ou de práticas sociais que problematizam em conjunto o fato de cuidar e de receber o cuidado. Por que então a esfera da solicitude e do cuidado, de disposições e práticas, é associada à experiência das mulheres, que normalmente se sentem designadas para esse campo sem que isso seja uma escolha pessoal?

De acordo com os resultados da pesquisa de Gilligan, o devir marginal das mulheres em matéria moral corresponde a comportamentos que a sociedade não valoriza, uma vez que estes não veiculam valores baseados no espaço público e no sucesso individual. Porém, esses comportamentos são úteis no desenvolvimento de um laço social voltado para a conexão entre os sujeitos, laço que comporta uma grande carga emocional, muito voltado para a ajuda mútua. Gilligan, entretanto, leva mais longe o estabelecimento da diferença entre os comportamentos sociais dos homens e das mulheres. Se o sucesso individual fascina a imaginação masculina e se as mulheres empregam uma grande energia em direção ao vínculo e ao cuidado, ou ainda à educação das crianças menores, é porque esses comportamentos correspondem a estereótipos que se tornaram identidades sexuadas. Essas identidades nos dizem que os homens se interessam mais por sua construção individual; eles estabelecem relações que deixam muito mais espaço para a competição, para as regras e leis que permitem o estabelecimento de uma distância afetiva nas relações com os outros. Adotam sociologicamente condutas que, sobretudo, promovem a autonomia do indivíduo e uma grande independência afetiva, enquanto as mulheres se descobrem em relações pessoais que as vinculam ao outro; manifestam uma capacidade de se colocar no lugar do outro em contextos continuamente determinados. Desse modo, essas características sexuadas produzem resoluções diferentes para os problemas morais: as mulheres experenciam conflitos de responsabilidade mais que de direitos e os resolvem de modo a restaurar e a reforçar as relações com o outro. Os homens estabelecem soluções mais impessoais e mais lógicas em relação aos princípios de justiça.

Certamente, o propósito de Gilligan não é o de reduzir a moral utilizada pelas mulheres à solicitude ou ao cuidado e a dos homens à justiça abstrata, o que seria absurdo. Ela se esmera em tornar mais evidentes as escolhas que traçam as tendências comportamentais que têm como estrutura de suporte teórico uma concepção da identidade moldada pelo assujeitamento ao gênero, socialmente construído desde a mais tenra infância.

Carol Gilligan reitera as contribuições do livro de uma psicanalista americana, Nancy Chodorow, no sentido de esclarecer o poder de construção das características de personalidades femininas e masculinas desde a pequena infância, antes do estágio edipiano. A responsabilidade diante do cuidado seria determinada durante a formação de capacidades sexuadas diferentes, elaboradas nos primeiros anos de vida. Na verdade, em *The Reproduction of mothering* [*A reprodução dos cuidados maternais*], Nancy Chodorow analisa a identidade de gênero que se estabelece, segundo ela, em torno dos três anos por meio do vínculo com a mãe e os cuidados que a acompanham.[16] Nesse estágio do desenvolvimento humano, as identidades da menina e do menino são elaboradas de maneiras radicalmente opostas na medida em que as meninas, identificando-se com o papel da mãe cuidadora, fazem uma correspondência entre a experiência de vínculo e o processo de formação de sua

---

16 CHODOROW, Nancy. *The reproduction of mothering*. Berkeley: University of California Press, 1978.

identidade. Em contrapartida, os meninos se definem como masculinos ao se separarem de suas mães, de modo que sua personalidade se desenvolve a partir do esquecimento da esfera da necessidade e dos sentimentos ligados ao cuidado. O livro explicita uma separação estrita na formação dos psiquismos masculino e feminino. O eu das mulheres começa no âmbito de uma relação com a esfera da intimidade, representada pela identificação com a maternagem, ao passo que o eu dos homens se inicia com a experiência de distanciamento em relação à intimidade, em favor de uma relação com o mundo externo. Assim, os futuros problemas das mulheres e dos homens não seriam os mesmos. Os homens, estruturados pela separação, têm tendência a experimentar dificuldades nas relações com o outro, e as mulheres, definidas pelo vínculo, experimentam problemas de individuação.[17] A psicanálise se defronta, então, novamente com o problema teórico da construção de identidades sexuadas diferenciadas.

Todavia, se pudermos discutir o papel normativo dos primeiros anos de vida na construção do eu, a análise psicanalítica do cuidado permite estabelecer a hipótese de um eu relacional primário de que, entretanto, os humanos não guardam nenhuma lembrança e que age ao mesmo tempo que se torna opaco. Como nos lembra Judith Butler em *La Vie psychique du pouvoir* [*A vida psíquica do poder*],[18] as relações de dependência primária – sejam elas objeto de um cuidado satisfatório ou, ao contrário, não protetor – são sempre esquecidas ou recalcadas. As subordinações primárias, geradas ou não pelo amor, são ocultadas e impedem definitivamente qualquer transparência

---

17 GILLIGAN, Carol. "Un regard prospectif à partir du passé". *In*: NUROCK, Vanessa (Coord.). *Carol Gilligan et l'éthique du care*. Paris: PUF, 2010, p. 23.

18 Na tradução francesa: BUTLER, Judith. *La vie psychique du pouvoir* [*A vida psíquica do poder*]. [S.l.]: Léo Scheer éditions, 2002.

do eu. Assim, o que se constitui na primeira infância age sem se mostrar, por força de numerosos silêncios, como o das divisões emocionais de acordo com o gênero. Em *Le récit de soi* [*Relatar a si mesmo*], Judith Butler retoma a impossibilidade para qualquer ser humano de se conhecer de forma transparente desde o nascimento: a "repressão primária" tal como é pensada por Jean Laplanche como uma resposta da criança para o esmagador mundo dos adultos não constitui somente o inconsciente.[19] Ela pode ser interpretada, de acordo com Judith Butler, a partir da ideia de que o humano se forma na estranheza, de que é assaltado de antemão por uma alteridade enigmática a despeito dos modelos normativos que, por outro lado, ela pode construir. A psicanálise é, então, um elemento indispensável para apontar essa não adequação do eu consigo mesmo.

Quando recorre à psicanálise de Chodorow, Gilligan combina a questão da formação do eu com a da construção das identidades sexuadas. E dela se serve para mostrar que a dicotomia de gênero, fabricada desde os primeiros anos de vida, participa da "opacidade do eu", do que sempre é passível de nos escapar, sobretudo porque se trata da manifestação relacional da necessidade de amor, que passa pela separação ou pelo vínculo. A necessidade de amor é um marcador sexuado eficaz porque é inconsciente. As relações primárias já formam as identidades sexuadas apesar do recalcamento dessas mesmas relações. Essa referência aos primeiros anos do desenvolvimento humano também nos lembra o quanto os seres humanos são fundamentalmente seres dependentes e interdependentes desde a experiência do vínculo. É o caso, então, de corrigir não somente uma psicologia masculina do desenvolvimento moral – que não

---

19 Na tradução francesa: BUTLER, Judith. *Le récit de soi* [*Relatar a si mesmo*]. Paris: PUF, 2007, pp. 72-78.

reconhece o poder da fabricação das identidades de gênero –, mas também a filosofia moral de tradição kantiana, fundada em uma teoria normativa do sujeito autônomo e transformada, muito frequentemente, na cultura habitual, em uma retórica sobre a independência. Essa tradição serviu de base para os valores morais que acompanharam o liberalismo político de John Rawls, de grande influência no horizonte das filosofias práticas americanas e sempre convocado como modelo da ética da justiça pelos teóricos do cuidado. Essa ética se baseia em uma separação entre dois sentidos da palavra "indivíduo", o indivíduo como homem particular empírico, amostra da espécie humana que encontramos em todas as sociedades, e o indivíduo como portador de valores, ser moral autônomo ou pessoa como "um fim em si mesma". A dimensão moral da humanidade, eminentemente superior à sua existência concreta, vale então como o que eleva o indivíduo à categoria de universal e lhe dá sua dignidade de sujeito livre ou emancipado. A moral garante uma teoria da justiça: a possibilidade de um sujeito de direito cuja imparcialidade equivale ao reconhecimento da igualdade entre todos os seres humanos. Porém, do ponto de vista das éticas do cuidado fortemente influenciadas pela psicologia do desenvolvimento moral e pela referência às fases da vida, não se poderia deixar de lado o indivíduo empírico e a realidade de suas dependências (ao menos no início e no fim da vida).

Rawls, como Kohlberg e Piaget, permanece no registro da idealização possível a partir de sua identidade masculina separadora. Eles têm dificuldade de compreender a realidade das dependências, de imaginar condutas coletivas para aqueles e aquelas cujo agir moral não pode se caracterizar imediatamente pela independência ou pela emancipação.

Bem sabemos, aliás, que a grande narrativa do liberalismo político rendeu glórias aos sujeitos livres, esquecendo-se de que a autonomia não se faz por decreto, de que existem assujeitamentos e formas de dependência que não podem ser trazidos para a esfera específica dos direitos. Podemos citar uma frase muito precisa de Richard Sennett em *Respect: de la dignité de l'homme dans un monde d'inégalité* [*Respeito: a formação do caráter em um mundo desigual*]: "a dignidade da dependência nunca apareceu ao liberalismo como um projeto político válido".[20] Ora, justamente, a subjetividade real se constrói por meio de um diagnóstico das dependências (do que tornam possível para os sujeitos em questão), de uma redefinição do indivíduo essencialmente interdependente em nome de uma moral que situa o bem em um "cuidar". A moral é menos a questão de um discurso que justifica as condutas do que a soma das múltiplas práticas pelas quais a solicitude e o cuidado funcionam como formas de se comportar diante de uma humanidade em estado de necessidade. Diferentemente do espírito do liberalismo político que toma como adquirido o desenvolvimento da autonomia, a ética do cuidado serve para trazer de volta os indivíduos mais vulneráveis ao laço social e político e para, dessa forma, pensar o impensado pelo liberalismo político. Nesse dispositivo, as mulheres se tornam as principais atrizes dessa nova narrativa e, com elas, todos os que trabalham para manter os outros em vida, de uma ou outra maneira. O cuidado é exatamente essa atividade que mantém, repara, protege e ajuda no desenvolvimento individual ou coletivo.

## 1.6 Antes uma ética que uma moral

O questionamento iniciado por Gilligan coloca novamente em questão um dogmatismo moral, alimentado por um

---

20  Na tradução francesa: SENNETT, Richard. *Respect*: de la dignité de l'homme dans un monde d'inégalité [*Respeito*: a formação do caráter em um mundo desigual]. Paris: Albin Michel, 2005 [2002], p. 144. (Col. "Pluriel").

universalismo que exclui ao invés de incluir. Inaugura um ponto de inflexão nas ciências humanas americanas: abandono de qualquer formalismo abstrato estimulado pelo domínio das ciências da linguagem e exame meticuloso da ideologia que acompanha a referência a um indivíduo falsamente abstrato, despersonificado, alheio a tudo que faz o humano comum (seus vínculos e seus sentimentos, seu gênero, seus projetos pessoais, seu enraizamento em uma história coletiva, em um país ou em uma região do mundo etc.). Nesse sentido, utilizar o arsenal teórico do cuidado equivale a deixar um pouco de lado o raciocínio moral, em proveito do que individualiza as condutas em nome da necessidade do outro e da força social das situações. O que está também em jogo é a possibilidade de denunciar uma manipulação da universalidade e da autonomia feita pelo patriarcado. O universal não é necessariamente abandonado, mas é desconstruído ou criticado se não está contextualizado.

Em Gilligan, a voz das mulheres e o tema do cuidado são especialmente aplicados quando os próprios preceitos deixam de ser, ou não são, evidentes, quando as regras faltam, quando as certezas estão ausentes, e os indivíduos têm somente problemas, crises, dificuldades diante de si. Essa moral minoritária tem um outro nome, "ética", termo que, aliás, após Gilligan, caracteriza a corrente de pensamento ligada à solicitude e ao cuidado. Por que é fundamental recorrer à ética para nomear essas disposições, essas condutas e essas práticas? De que maneira essa outra moral proposta por Gilligan pode definitivamente receber o nome de ética?

Se a ética, por intermédio das éticas aplicadas, pôde se tornar um saber, visto que é possível vislumbrar uma competência ética, e até mesmo uma *expertise*, essa competência não é suficiente para defini-la. A ética caracteriza também um ponto de vista que qualquer pessoa pode assumir a respeito de uma situação difícil. Se a ética pode, cautelosa e superficialmente, exprimir o ideal de uma ciência, ela é mais fundamentalmente o resultado de uma inquietude existencial e de uma imersão em um contexto. Se a moral se identificou com uma razão prática que favorece condutas sobretudo masculinas e valoriza um indivíduo que vive na ilusão de que não precisa de ninguém, a ética, por sua vez, corresponde ao mundo relacional do cuidado. Assim, o filósofo israelense Avishai Margalit, em *L'éthique du souvenir* [*A ética da lembrança*], distingue dois tipos de relações humanas, segundo a ética e segundo a moral.[21] As primeiras (éticas) são relações densas, pois são carregadas de afetos, histórias e lembranças comuns; estão enraizadas em uma memória ou em um passado comum; dizem respeito aos pais, aos amigos, aos parceiros amorosos, aos compatriotas etc. São prioritariamente relações que estabelecemos diariamente na vida cotidiana. As segundas (morais) são definidas como relações tênues; baseiam-se em um conteúdo mínimo ou abstrato, o fato de se ser humano. Dependem de certas características gerais, próprias ao ser humano. Essas relações têm a ver com o distante, ao contrário da ética, que incide sobre o próximo ou o familiar; são tecidas de forma completamente legítima com os estrangeiros, os que estão distantes de nós. Graças à ética, podemos refletir fazendo comparações entre formas de vida, situações paradigmáticas. A ética se presta por excelência a uma filosofia nomeada por Margalit como "filosofia do *por exemplo*", que tem suas raízes na confiança dada aos exemplos. Em compensação, a moral se alimenta de grandes princípios que é preciso explicitar, transmitir. A moral se presta, por sua vez, de acordo com Margalit, a uma "filosofia do que dizer", demonstrativa, edificante, que trabalha com definições e

---

21 Na tradução francesa: MARGALIT, Avishai. *L'éthique du souvenir*. Paris: Climats, 2006.

princípios gerais. Ela aceita mal os casos particulares e as narrativas de vida deslocadas ou atípicas.

Essa distinção conduz o filósofo a ficar alerta em relação às tendências expansionistas da moral, tão célere em enredar o maior número de coisas possível no interior de seus princípios. A moral é prescritiva, corretiva e autoritária. Ultrapassa a instabilidade dos costumes e das condutas. Determina normas válidas além da circunscrição limitada de tais ou tais costumes. Quanto à ética, esta se alimenta das narrativas das pessoas e do ritmo que dão à sua vida; está do lado de uma imersão em modos de vida necessariamente subjetivos, em hábitos sociais que se filiam a um pertencimento, circunscrito pelo tempo e pelo espaço, a uma sociedade. A ética está do lado da pesquisa empírica que propõe uma determinação das normas a partir das situações vividas. Enquanto o respeito ao interdito é moral, a busca hesitante do bem-estar sujeita às condições da existência é ética. Fundamentalmente, estar do lado das relações éticas é abandonar a certeza moral em proveito da inquietude ética. Também é colocar entre parênteses uma universalidade determinada muito rapidamente – que, por isso, pode ser enganosa e mentirosa – para apreciar a singularidade de um caso. A ética vai de par com diagnósticos, experimentações, comparações e com um certo ceticismo acerca dos princípios.

Certamente, a posição ética induz a um certo número de inconvenientes: o amor pelo próximo, o relativismo, a ausência de prescrições correm o risco de impossibilitar a correção das condutas, ao passo que a moral permite que se vislumbrem os direitos de seres arrazoados, todos iguais moralmente, sob as mesmas contingências, e, assim, exprime um ideal de justiça.

### 1.7 Como viver melhor?

A ética detém, entretanto, uma potência existencial ainda intacta na medida em que pode ser considerada como uma atualização da velha pergunta grega: como podemos viver melhor? Ela se atribui a tarefa de determinar qual a vida mais digna de ser vivida (em termos de bem-estar, de felicidade, de virtude, de razão) sem que nenhuma prescrição precisa esteja disponível. Comportar-se de maneira ética é analisar sua própria vida para determinar a conduta apropriada a seguir, a boa conduta difícil de ser fixada, pois as escolhas a fazer, as decisões a tomar, as ações a cumprir escapam a qualquer princípio que poderia determiná-las. Em suma, a ética pode dizer respeito a todas as situações em que é difícil decidir moral e definitivamente. Delineia uma reflexão particularmente importante em caso de crise, de conflitos, de dilemas, e implica uma grande dificuldade de escolher e de decidir.

A partir do momento em que se trata de "cuidar", a questão não é tanto a de considerar o lugar dos valores, das regras ou das leis na ação, produzindo um raciocínio moral, mas a melhor maneira de se comportar em um contexto específico, com outros sujeitos portadores de crenças sociais ou culturais, de histórias afetivas próprias etc. A ética nunca é uma questão totalmente racional; com a solicitude e o cuidado, ela incide na esfera das necessidades dos outros e na necessidade da resposta apropriada, na esfera da atenção para com os outros, da manutenção das relações, em oposição a qualquer condenação precipitada das condutas ou qualquer atitude de indiferença. A teoria do cuidado se inscreve nesse contexto de redefinição das relações entre a ética e a moral.

Uma tal definição da ética deve estar associada a uma reviravolta nas ciências humanas que se refere à própria definição da humanidade, essencialmente vulnerável. Essa abordagem ética da vulnerabilidade começa por uma preocupação com o outro singular. Tornar-se sensível a um outro implica se desfazer de qualquer voluntarismo e de qualquer agressividade impulsiva; isso equivale a deixar de lado os objetivos egoístas de preservação do eu,[22] objetivos que respondem a uma injunção social onipresente: "sejam indivíduos autônomos", ou seja, "preservem seus interesses". É também aceitar que a parte que cabe ao raciocínio moral não seja regulada *a priori* pela ética, mas seja relançada de maneira singular, em função do contexto, de tal sorte que o raciocínio moral na vida ética não seja passível de uma decisão prévia.

### 1.8 Tornar recíproco um mundo assimétrico

Em que ponto a resolução ética do cuidado faz ouvir uma outra voz além daquela da afirmação da moral? A potência de atividade do "cuidar" se refere a uma atenção à vulnerabilidade e às cadeias de vulnerabilidade (a sua própria vulnerabilidade, a dos outros sobre quem se tem a responsabilidade etc.). Ela é uma forma de fazer em função das dependências e das interdependências, de considerá-las de modo a agir da maneira mais apropriada.

A separação realizada entre ética e moral torna a primeira mais operante que a segunda quando se trata do interesse pelo indivíduo e por suas incertezas, pela complexidade do real, por fragilidades diversas. Carol Gilligan embasa sua reflexão sobre os critérios da justiça e do cuidado em uma atenção particular aos dilemas morais, situando os indivíduos num embate com a dificuldade de tomar uma decisão. Decidir-se equivale, então, a produzir um raciocínio lógico individual que permite uma resolução em favor de um princípio; é o sentido clássico conferido à moral como conjunto de princípios que servem de regras de vida a um eu autônomo. Ou senão, decidir-se pode também se fazer de outra forma segundo o tema do cuidado e da atenção à necessidade dos outros: trata-se,

---

22 BUTLER, Judith. *Le récit de soi* [*Relatar a si mesmo*]. Paris: PUF, 2007, pp. 94 e ss.

nesse caso, de caminhar em direção a uma decisão que se revela possível de forma direta dentro de um contexto e de todas as interdependências complexas que estão em jogo. Nesse segundo caso, a resolução é ética; tem relação com a humanidade vulnerável, com situações de grande fragilidade em certos momentos da vida em que, entretanto, é preciso tomar decisões. Seu papel está ligado à preocupação com os sujeitos relacionais, ao passo que a moral demanda o caráter estruturante da pessoa e pressupõe a autonomia. A ética está associada à preocupação, preocupação consigo e preocupação com os outros, ambas necessárias à implantação de um bem que deve tomar a forma de um bem-estar maior ou de uma manutenção do ser. A moral está ligada a exigências de justiça no âmbito de uma referência a um sujeito neutro, impessoal, sujeito que garante a perspectiva da igualdade.

Isso equivaleria a dizer que toda empreitada ética deve esquecer a autonomia, a pessoa e a justiça impessoal? Pensar dessa forma seria muito maniqueísta, demasiadamente binário. Ora, justamente, a realidade não é binária. Porém, seria introduzir vulnerabilidade na autonomia, subjetivação na pessoa, solicitude e cuidado na justiça. É sobretudo reconhecer que todas as relações humanas não poderiam ostentar de modo imediato a igualdade, que muitas dessas relações são assimétricas e que merecem mais do que tudo a atenção e a proteção, uma possibilidade de reciprocidade contra os abusos de poder, mesmo quando o ponto de partida é a diferença ou a distância na relação.

Também devemos considerar que a ética opera com as interferências do mundo real. É difícil de ser caracterizada, contrariamente à moral, que se desdobra por meio de códigos, interdições e obrigações. A ética não é exatamente uma disciplina. Ela se instaura sempre dentro de um contexto. Assim, é também um ponto de vista que cada um pode adotar em relação a uma situação difícil ou em relação ao conjunto de sua vida. Porém, o ponto de vista ético acerca das situações nunca constitui uma moral, porque não possui a facilidade de uma aplicação de preceitos. Dizer a respeito de alguma coisa "é uma questão ética" equivale a colocar em evidência a falta de segurança sobre essa questão, e o fato de que faltam regras, que não temos senão dificuldades diante de nós.

A ética é ainda mais difícil de definir porque está no campo do local, do contextual, do próximo. Assim, ela é considerada como sendo antes uma questão de um "sujeito que sente" do que de um sujeito racional. Desse ponto de vista, favorece uma reabilitação da questão do corpo e da vida. E assim, atualiza o *conatus* de Spinoza, potência de agir que não é nada substancial nem soberana e que pode ser tanto feita quanto desfeita em sua relação com os outros. Com a ética, não existe prioridade do espírito sobre o corpo, e os valores morais não são intangíveis. Mais do que falar do bem e do mal fora de um contexto, é mais justo evocar relações e, portanto, falar sobre o bom e o mau.

Gilligan associou a ética do cuidado à questão da igualdade das vozes em contraposição a uma moral do discurso e da justificação que havia abafado o tema do cuidado trazido pela voz das mulheres. A ética, mais do que a moral, pressupõe uma cultura democrática, enraizada no debate público e na possibilidade do diálogo. Desse ponto de vista, a ética do cuidado concorda com as reflexões de Paul Ricœur em *Soi-même comme un autre* [*O si mesmo como outro*]. Para Ricœur, a solicitude supõe a troca mútua de autoestima,[23] a construção das relações por meio de interações. As relações são éticas quando conseguem instaurar uma regra de reciprocidade que se contrapõe à dissimetria inicial, igualando o agente e o paciente. A voz da solicitude

---

23 RICŒUR, Paul. *Soi-même comme un autre* [*O si-mesmo como outro*]. Paris: Le Seuil, 1990, p. 254.

supõe que a pluralidade das pessoas, a alteridade de umas em relação às outras e as diferenças de posição de poder não sejam apagadas pela ideia englobante e abstrata de humanidade.

A ética não é uma moral visto que dá lugar a uma concepção pragmática da filosofia prática segundo a ideia de que um excesso de generalidades e de abstrações impede que se compreenda a diversidade das condutas humanas, sobretudo as que operam com as particularidades dos indivíduos, suas crises, seus problemas e suas vulnerabilidades. Ela se encarna por excelência no jogo estabelecido pela solicitude ou pelo cuidado, jogo que permite estabelecer um laço mútuo e de equiparação de condições em relações profundamente assimétricas e em situações que os princípios morais ou os direitos tornam inextricáveis ou não perceptíveis.

## 1.9 Uma ética feminista

A possibilidade de uma moral alternativa, que é melhor chamar de "ética", é inscrita por Gilligan no recurso a uma voz diferente. Convocá-la a se exprimir não é algo inconsequente; trata-se exatamente de reivindicar o fato de que outros discursos sejam ouvidos e reconhecidos, além daquele que comumente normatiza os comportamentos. Trata-se também de gritar em alto e bom som que, infelizmente, não somos todos iguais, apesar de nosso estatuto de sujeito de direito, o que é confirmado pelo silenciamento da ética do cuidado. A abstração teórica faz com que se esqueça de que certas vidas merecem mais atenção do que outras; essas vidas tornam-se ainda mais vulneráveis quanto mais forem ignoradas ou tornadas insignificantes pelas normas dominantes da moral. Os trabalhos de Gilligan revelam, então, uma proximidade com os de filósofos como Judith Butler, que, em *Vie précaire* [*Vida precária*],[24] denuncia o

---

24 Na tradução francesa: BUTLER, Judith. *Vie précaire* [*Vida precária*].

fato de que nem todas as vidas têm o mesmo valor, que algumas se tornaram tão vulneráveis que não contam mais; por contarem tão pouco, muitas vidas, cujo estatuto legal e político é suspenso, tornaram-se impossíveis de serem vividas; são tão desumanizadas que sua exploração não é percebida. Essas vidas precisam ser compreendidas como estando particularmente em perigo; carregamos por elas a responsabilidade coletiva. A vulnerabilidade atesta a fragilidade e a invisibilidade das vidas reais não somente social, mas também vital e ambientalmente. Porém, com uma diferença: um fosso que é cavado a cada dia entre os que nada têm – e estão suscetíveis a mudar de posição (por causa do desemprego, da precariedade, da exclusão, das inundações e terremotos em países pobres ou instáveis politicamente) – e aqueles que podem acreditar que são poderosos e produtivos. O ser humano não é somente um sujeito de direitos, mas uma pessoa cuja potência de vida ou cujo poder de dizer e de agir podem ser impedidos. A vulnerabilidade é um fardo tanto maior a ser carregado quanto mais ela incide sem motivo sobre alguém, a despeito das próprias capacidades dos sujeitos:

> assumir uma vulnerabilidade que nada faria prever, encontrar as opções e as estratégias a longo prazo que possibilitam enfrentá-la: é uma questão que as mulheres conhecem bem, conheceram em quase todas as épocas. Nossa exposição a essa forma de violência nunca foi tão bem revelada do que quando os poderes coloniais triunfaram.[25]

Se existe uma ética feminista, ela consiste, segundo Judith Butler, ao considerar a história das mulheres, em assumir a

Paris: Éditions Amsterdam, 2005.
25 BUTLER, Judith. *Vie précaire*. Paris: Éditions Amsterdam, 2005, p. 70.

vulnerabilidade, em se comprometer, em se considerar como responsável por ela.

O feminismo deve, então, desistir de sua arrogância ocidental, de seus sonhos de poder para repensar o sentido dos laços, do vínculo, das relações, tais como são imaginados no horizonte de um igualitarismo anti-imperialista. Podemos aproximar os vulneráveis da categoria de "subalternos" em Spivak, quando se trata de saber se os subalternos conseguem falar e ser ouvidos nas ocasiões em que isso realmente importa, dentro de um determinado contexto político.[26] Os subalternos só conseguem falar se encontramos os meios de retraçar uma forma de narratividade, o que implica cuidar de sua fala e das condições para a expressão dessa fala.

A voz diferente, segundo Gilligan, pressupõe a possibilidade de uma ética feminista que estabeleça a igualdade das vozes feminina e masculina de acordo com o cuidado e a justiça; equivale a um reconhecimento de todas as formas de vulnerabilidade que precisam ser trazidas à palavra e à expressão, dentro de uma ética que transforma a bondade em verdade e a preocupação com o outro em uma relação consciente e responsável do eu para com os outros.

Mais que um gênero sexuado, a voz diferente é um assunto que traz à luz disposições e atividades mantidas por muito tempo na sombra, por um patriarcado travestido de moral. Ela valoriza uma antropologia da vulnerabilidade que deve servir de fundamento para a possibilidade de melhor repartir o poder de dizer e de fazer entre as mulheres e os homens. A ética do cuidado *versus* Gilligan não tem muito a ver com a moral feminina de Noddings ou o ideal maternante de Ruddick. Ela recusa o ponto de vista restritivo de uma "moral

---

26 Na tradução francesa: SPIVAK, Gayatri. *Les subalternes peuvent-elles parler? [Pode o subalterno falar?]*. Paris: Éditions Amsterdam, 2009.

das mulheres" para pôr em evidência o fato de que o círculo dos que se inscrevem nessas atividades não fica somente limitado pelo gênero. A instauração de uma ética tem como ponto de partida uma concepção da cultura democrática por meio da igualdade das vozes e da proteção de todos aqueles e aquelas que passam pela experiência da vulnerabilidade. Além disso, apreender a dimensão ética específica que se instaura supõe o deslocamento das fronteiras da moral, sem aceitar que o ponto de vista abstrato e universal seja o único ponto de vista moral legítimo. Considerar o lugar do cuidado a partir de uma ética é valorizar práticas de cuidado não reconhecidas e distribuídas de forma desigual, muito frequentemente legadas à esfera privada, aos sentimentos ou ao simples fato de aliviar o sofrimento. Ora, há muito mais no cuidado.

A ética feminista, que se ancora no reconhecimento de todos os tipos de laço que fazem nossa individualidade, exprime uma crítica ao racionalismo em favor de uma melhor interpretação dos sentimentos, de acordo com a ideia de que é mais necessário cultivar nossa afetividade do que dominá-la. Eis por que, desde a infância, é preciso prestar uma atenção considerável ao desenvolvimento das capacidades morais e sociais, ao papel do amor parental (que o torna possível), ao desenvolvimento tanto afetivo quanto cognitivo. Como escreve Annette Baier interpretando Gilligan, "uma ética feminista não é a guerra das mulheres contra os homens: a melhor teoria moral deve ser uma produção coletiva das mulheres e dos homens, deve harmonizar a justiça e a solicitude".[27] Uma vez que a voz das mulheres pode ser reconhecida, é preciso articular sem hierarquia o "sujeito de direito" que favoreceu o poder dos homens

---

27 BAIER, Annette. "The Need for more than justice" ["A necessidade de algo mais do que a justiça"]. *In*: CUDD, Ann; ANDREASEN, Robin (Coord.). *Feminist Theory*. Oxford: Blackwell Publishing, 2005, p. 250.

e o "sujeito de necessidade" por muito tempo escondido na experiência privada e silenciosa das mulheres. Uma ética feminista torna público o que era considerado como privado (o cuidado) e mostra o que há de privado em um espaço que se apresentava como inteiramente público. Desloca as fronteiras estabelecidas entre as esferas pública e privada.

A perspectiva do cuidado, ao contrário da perspectiva da justiça, supõe uma proteção e um reconhecimento da voz das mulheres, sobretudo porque, no dia a dia, são as mulheres que sustentam essa orientação moral. Ser feminista é, então, saber escutar as narrativas que as mulheres fazem de suas vidas, interpretá-las, uma vez que, segundo Gilligan, "se as mulheres fossem eliminadas das amostragens (ou grupos) de pesquisa, o interesse pelo cuidado no âmbito do raciocínio moral basicamente desapareceria".[28] Uma ética feminista consiste em fazer ouvir a voz das mulheres como voz vulnerável, com o objetivo de fazer com que surjam outras maneiras de se relacionar com o mundo. Mais genericamente, é uma conduta de escuta em relação aos mais vulneráveis, aos menos escutados, aos menos reconhecidos. A ética feminista que podemos deduzir dos trabalhos de Gilligan corresponde a uma atitude de defesa de todos o(a)s dominado(a)s, em nome de sua fala apagada por diferentes formas de exploração.

Aliás, mais ainda, trata-se de afirmar que o reconhecimento e o acompanhamento da vulnerabilidade têm como horizonte algumas formas de performatividade ou de restauração da potência de agir. A vulnerabilidade não entra em contradição com a performatividade. As práticas do cuidado têm como finalidade um retorno ao empoderamento de sujeitos esquecidos

---

28 GILLIGAN, Carol. "Moral orientation and moral development" ["Orientação moral e desenvolvimento moral"]. *In*: KITTAY, Eva F.; MEYER, Diana (Coord.). *Women and Moral Theory*. Lanham: Rowman & Littlefield, 1987, p. 25.

ou negligenciados pelos centros de poder. Nesse sentido, para Gilligan, as mulheres que, por uma constatação empírica, defendem majoritariamente o tema do cuidado, devem poder conceber a ética como um percurso que renove os laços com a performatividade.

Existem três estágios do desenvolvimento moral: o primeiro, completamente egocêntrico, o segundo, completamente orientado em direção ao outro, e o terceiro, formado por um equilíbrio em que o eu está em relação com os outros. Esse último estágio valoriza um eu interdependente em contraposição a uma visão separada do eu. Ele exprime uma maturidade moral que supõe, para as mulheres, mas também para os homens, o exercício cotidiano e repetido de uma ética feminista que se desenvolve a partir da capacidade de ser, de dizer e de agir[29] para além dos estereótipos de gênero.

---

29 Para essas leituras de Gilligan, ver TRONTO, Joan. *Moral boundaries* [*Limites morais*]. Nova York: Routledge, 1993; na tradução francesa, TRONTO, Joan. *Un monde vulnérable*. Paris: La Découverte, 2009, p. 117; e BENHABIB, Seyla. "The Generalized and the concrete other" ["O generalizado e o outro concreto"]. *In*: BENHABIB, Seyla; CORNELL, Drucilla (Coord.). *Feminism as critique*. Minneapolis: University of Minnesota Press, 1987, p. 78.

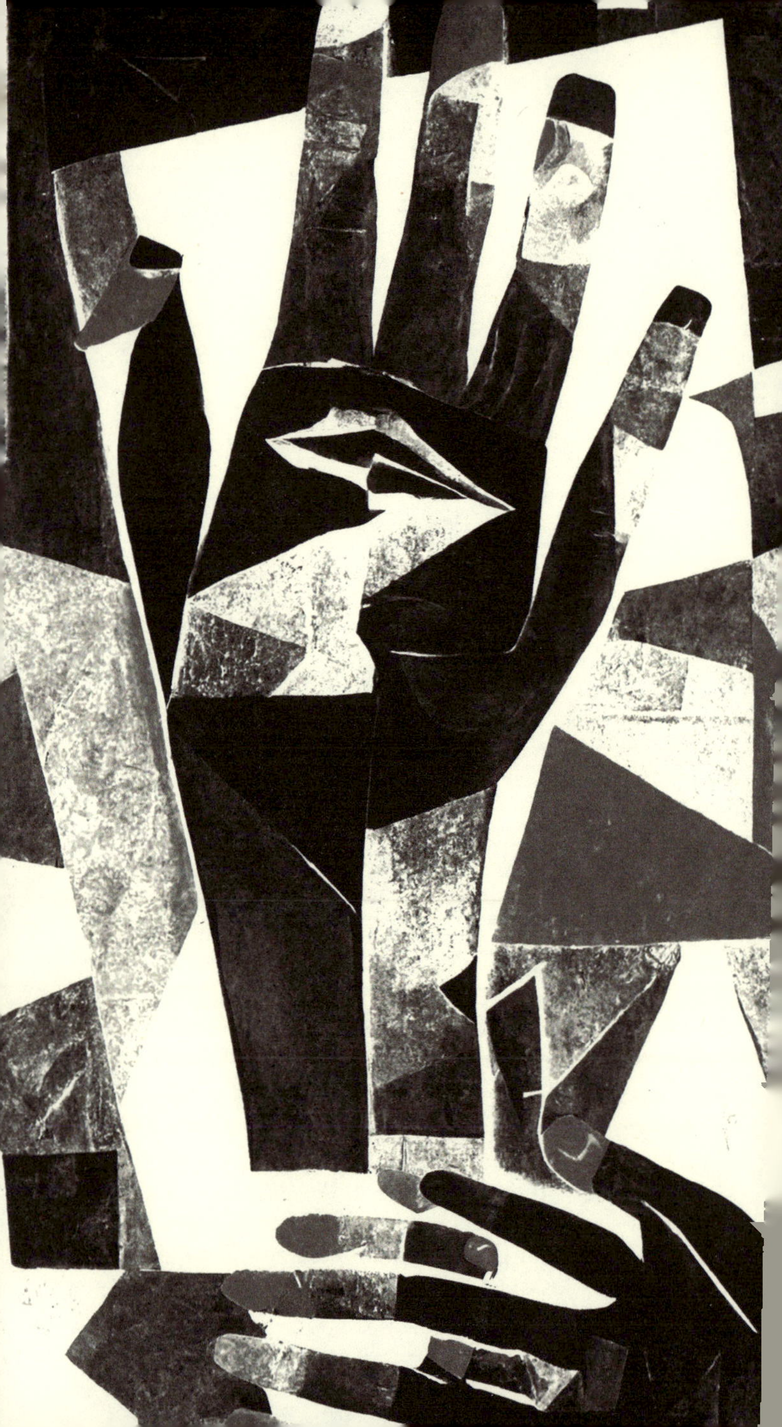

CAPÍTULO II

# CUIDAR CONTRA O INDIVÍDUO LIBERAL

Em seu curso no Collège de France, *Naissance de la biopolitique* [*Nascimento da biopolítica*], Michel Foucault aponta como a racionalidade liberal se esforça no sentido de monopolizar os seres humanos desde seu nascimento, por meio da captação de suas capacidades. O capital humano deve frutificar como condição *sine qua non* do mercado. Nessa perspectiva, é necessário interessar-se pelo capital humano e mobilizá-lo. Ampliar a lógica mercantil supõe uma mobilização total do humano. Nesse contexto, a perspectiva do "cuidar" da vida parece encontrar, então, seu lugar de emergência, assim como sua crítica mais funesta. O cuidado se torna um capital a ser aumentado a serviço do capitalismo. Ele é, na melhor das hipóteses, um acompanhamento, e na pior, uma ideologia a serviço de uma governabilidade liberal onipresente e totalizante, que promove a troca como verdadeiro valor, não somente das coisas, mas também dos próprios seres humanos. A preocupação com o outro, então, se materializa em investimentos tais como o tempo de afeição ou de educação consagrado pelos pais a seus filhos. Segundo Foucault, os investimentos mais ou menos voluntários a serviço da constituição de um capital humano mobilizável pela sociedade favorecem "formas de competências-máquinas que vão gerar uma renda".[30]

O novo liberalismo descrito por Michel Foucault concerne à fabricação de indivíduos bem instrumentalizados, cujo cuidado permite uma melhor integração nos circuitos atuais dos cálculos econômicos e políticos. Entretanto, Foucault parece ter ido muito rápido em relação a esse assunto. Seu julgamento parece dever uma análise da conduta das condutas e dos controles reguladores das populações que caracterizam as novas formas de liberalismo. Podemos propor uma outra leitura e, ao contrário, identificar no cuidado a emergência de uma nova problemática: a da vulnerabilidade, de que a ética do cuidado, associada a outros dispositivos teóricos, poderá mostrar os novos esquemas antropológicos e sociais priorizados. Bem longe de ser o último elo com o homem empreendedor, o cuidado pelas vidas humanas pode aparecer, ao contrário, como o reconhecimento de uma fragilidade fundamental que revela em seu âmago toda uma outra versão do indivíduo, muito diferente daquela do liberalismo.

Como a vulnerabilidade conseguiria funcionar como um novo contexto antropológico, colocando em questão o modelo de desenvolvimento baseado unicamente no laço mercantil? E ainda, poderíamos fazer com que a responsabilização pela vulnerabilidade funcionasse como parte de um projeto político sustentado pela atenção para com o outro mesmo quando, nos dias de hoje, torna-se muito evidente que tudo o que não

---

30 FOUCAULT, Michel. *Naissance de la biopolitique* [*Nascimento da biopolítica*]. Paris: Gallimard/Le Seuil, 2004, p. 235.

valoriza o indivíduo empreendedor de si acaba sendo esquecido, subestimado, invisibilizado e confiado àqueles e àquelas que podem ser assujeitados e desqualificados? Reconsiderar a vulnerabilidade e a forma como ela é tratada equivale a propor novos modos de funcionamento das economias de mercado, mais preocupados com a felicidade e com uma repartição mais justa das riquezas. A ética do cuidado pode dar conta dessa questão ao propor uma concepção do laço social baseada no reconhecimento das situações de dependência.

É certo que os trabalhos de alguns antropólogos e sociólogos, desde o *Essai sur le don* [*Ensaio sobre a dádiva*], da *Revue du MAUSS*,[31] nos ensinaram que o laço social não é feito somente de cálculos e de juros, mas que se baseia nas trocas humanas que não passam pelo mercado. Podemos dizer que o interesse pelo "cuidar" de todas as formas de vulnerabilidade pertence a esse movimento das ciências humanas que ultrapassa muito amplamente a ideia do *homo œconomicus* e a perspectiva de uma racionalidade da ação estruturada pelo lucro. A referência ao cuidado participa de um questionamento mais profundo pelo qual se trata de partir das zonas sombrias do liberalismo para promover outras lógicas sociais diferentes da lógica mercantil. Vai em direção à demanda de sociedades definidas da forma mais ampla possível em favor de aspirações que visam a ampliar as proteções e as liberdades das mulheres, dos migrantes ou dos pobres, mas também de todas as minorias sexuais e de gênero, de todas as minorias étnicas ou religiosas, cujas vozes não são levadas em conta (entre essas categorias, certamente pode haver intersecções). Reconhecer que somos física e psiquicamente vulneráveis, dependentes uns dos outros, permitiu imaginar de uma outra forma nosso destino comum

---

31 Cf. os trabalhos de Alain Caillé e de Jacques T. Godbout na *Revue du MAUSS*: "L'amour des autres" ["O amor pelos outros"], nº 31, segundo semestre de 2008.

e, sobretudo, valorizar nossos espaços de privação e de interdependência. Colocar o "cuidar" como protagonista equivale a revelar o quanto estamos sempre implicados em vidas que não são as nossas e com as quais devemos viver, sem colocá-las em perigo ou sob controle, mas, ao contrário, tentando constituir seu mundo, o que significa dar livre acesso a outras aspirações normativas, a outras formas de vida. Trata-se certamente de promover uma mudança de paradigma nas ciências humanas para reconsiderar todos os humanos, o que pressupõe um recomeço a partir do fato de que estamos todos ligados. Como escreve Carol Gilligan, "somos, enquanto seres humanos, seres de relações, responsáveis e sensíveis. (...) Nascemos com uma voz e numa relação – que são a condição do amor e também da cidadania em uma sociedade democrática".[32]

## 2.1 O humano é fundamentalmente vulnerável, mas...

O que é a vulnerabilidade, esse conceito que se tornou incontornável quando se trata de exprimir todo tipo de fragilidade humana ligada a causas vitais, sociais ou ambientais? É preciso ressaltar que a própria ética do cuidado utiliza frequentemente esse conceito como evidente, sem defini-lo, a não ser quando postula uma nova realidade antropológica: na realidade, somos todos vulneráveis. Como o cuidado consegue funcionar como motor de um laço que repousa na vulnerabilidade humana? O cuidado (*care*) já funciona no mundo anglo-americano como um termo da linguagem comum (*take care of you*). Em *The Ethics of Care* [*A ética do* cuidado], Virginia Held observa como o *take care* pode valer de maneira rotineira como um *goodbye*. Porém, mesmo dessa forma tão banal, marca um laço social

---

[32] GILLIGAN, Carol. "Un regard prospectif à partir du passé". *In*: NUROCK, Vanessa (Coord.). *Carol Gilligan et l'éthique du care*. Paris: PUF, 2010, pp. 28/29.

## CAPÍTULO II – CUIDAR CONTRA O INDIVÍDUO LIBERAL

sob a forma do reconhecimento de uma relação estabelecida a partir da possível vulnerabilidade do outro. É que, na verdade, ele ilustra a relacionalidade humana (*human relatedness*) por meio de reafirmações cotidianas de um laço (*connection*).[33] Esse laço social não poderia ser totalmente racional uma vez que reúne disposições e práticas, a atividade pela qual se cuida de alguém de forma muito corporal, e os simples afetos (mais ou menos benevolentes, que podem ser ambivalentes) pelos quais nos preocupamos com alguém. A ética do cuidado descrita por Virginia Held combina a atividade de "cuidar" e o fato psíquico de "se preocupar com". Assim, podemos simplesmente cuidar de uma criança ao responder a suas necessidades corporais mais primárias, mas, em geral, é bom somar a essa atividade o fato de se preocupar com ela, ou seja, de ter como finalidade o desenvolvimento dessa criança.[34] Ligar tais práticas à atenção e à preocupação permite lembrar o quanto o cuidado não é comportamentalista, mas se caracteriza pelo fato de se considerar de forma indissociável a atividade e a disposição, sendo que a última remete ao que faz a especificidade da relação: o fato de se preocupar, de estar atento. Não nos preocupamos com um ser repleto de poderes. Em compensação, prestamos facilmente atenção a um outro vulnerável cuja vida e cujo corpo estão ameaçados ou são ainda pouco viáveis. Definir o humano como capaz de se preocupar com os outros que estão em estado de necessidade é reconhecer uma vulnerabilidade fundamental, em contraposição à crença em um indivíduo todo-poderoso, independente e desvinculado das relações sociais que se caracterizam pela ajuda mútua ou por uma interdependência responsável.

---

33 HELD, Virginia. *The Ethics of Care*. Oxford: Oxford University Press, 2006, p. 30.
34 HELD, Virginia. *The Ethics of Care*. Oxford: Oxford University Press, 2006.

A reflexão sobre a vulnerabilidade nas éticas do cuidado foi se constituindo progressivamente. Carol Gilligan utiliza pouco o termo "vulnerabilidade",[35] preferindo, em 1982, a expressão "voz diferente". Foi preciso esperar o ano de 1985 e o livro de Robert Goodin, intitulado *Protecting the vulnerable: a reanalysis of our social responsabilities* [*Protegendo os vulneráveis: uma nova análise de nossas responsabilidades sociais*],[36] para que a teoria do cuidado fizesse a vulnerabilidade fazer parte de sua caixa de ferramentas conceitual. Ainda que a obra de Goodin não trate especificamente da ética do cuidado, ela é, entretanto, útil para autores como Eva Feder Kittay ou Joan Tronto quando trazem um desmentido para o mito segundo o qual seríamos cidadãos sempre autônomos e potencialmente iguais. Para Eva Feder Kittay, Goodin desloca o campo da moral para o lado das relações voltadas para a vulnerabilidade dos outros, capazes de ser fonte de ações. Assim, Goodin contrapõe um modelo da vulnerabilidade a um modelo da vontade que se baseia na promessa. Nesse último modelo que concerne à moral, ainda que a obrigação ligada à promessa seja destinada a um outro específico, a forma da obrigação é geral; vale para qualquer um a quem essa promessa é feita. Além disso, a promessa é totalmente assumida pela pessoa que a faz; sinaliza um engajamento feito em plena liberdade. No modelo da vulnerabilidade, o fundamento moral específico das relações entre os indivíduos está ligado à vulnerabilidade de um e às ações de outro, o primeiro ocupando uma posição que lhe permite encontrar as necessidades do segundo. O engajamento é

---

35 Em *Uma voz diferente*, encontramos certamente expressões como "sentimento de vulnerabilidade" das mulheres (p. 110), ou ainda "vulnerabilidade de uma posição profissional" (p. 218 da edição francesa), mas não há uma análise explícita do conceito.

36 GOODIN, Robert. *Protecting the vulnerable* [*Protegendo os vulneráveis*]. Chicago: University of Chicago Press, 1985.

moral toda vez que um indivíduo está em posição de responder à necessidade dos outros. O modelo da vulnerabilidade, contrariamente ao modelo da vontade, não repousa sobre a liberdade e a autodeterminação de uma pessoa, mas sobre a relação que se institui entre um ser humano em estado de necessidade e um outro ser humano capaz de responder a essa situação. Difícil é saber até onde os seres vulneráveis são marcados pelas ações dos outros e como podem responder a elas (favorável ou desfavoravelmente).[37]

Por sua vez, Joan Tronto insiste em relação ao que toma a forma de um dever de "proteção dos vulneráveis", porém se mostra crítica quanto à maneira com que são verdadeiramente dispensados os cuidados aos mais vulneráveis, a ponto de os que os protegem serem apresentados como defensores; o risco está no abuso de poder dos fornecedores de cuidado, "que podem chegar a se arrogar o direito de definir qual a necessidade de cada um [os vulneráveis]".[38] A vulnerabilidade sempre torna possível o abuso de poder na medida em que a capacidade de resposta não se estabelece dentro de uma reciprocidade entre iguais. Estabelecer uma relação moral com os mais vulneráveis equivale a introduzir a perspectiva do respeito, considerando a posição do outro tal como ele a expressa e não supondo que o outro é exatamente idêntico a mim. É quando a vulnerabilidade necessita de uma proteção, um tratamento ou uma atenção que ela faz surgir uma alteridade, uma situação não intercambiável e que merece uma resposta apropriada.

Se somos todas e todos vulneráveis, a questão que se coloca é a de saber qual cuidado apropriado construir como resposta à vulnerabilidade. Especialmente, como podemos no espaço de uma vida, passar de uma posição de dependência para uma

---

[37] KITTAY, Eva F. *Love's labor*: essays on women, equality and dependency. Nova York: Routledge, 1999, pp. 54-56.

[38] TRONTO, Joan. *Un monde vulnérable*. Paris: La Découverte, 2009, p. 181.

posição de independência? Como escreve Joan Tronto: "ao longo da vida, cada um de nós passa por graus variáveis de dependência e de independência, de autonomia e de vulnerabilidade".[39] Assim, conforme as posições que ocupamos, de riqueza ou de pobreza, no centro ou na periferia das relações de poder, temos em menor ou maior grau a possibilidade de esquecer a vulnerabilidade dos outros e de acreditar em nosso próprio poder ou invulnerabilidade. Esquecemos que certas vidas passam, mais do que outras, pela experiência da vulnerabilidade e deixamos a outros, menos poderosos, menos reconhecidos, o cuidado de responder a suas necessidades, criando assim na sociedade cadeias de vulnerabilidade que são também cadeias de precariedade social.

Evidentemente, as vidas vulneráveis são inicialmente vidas cuja viabilidade está ameaçada. São também vidas às quais as formas dominantes de representação não dão lugar pois são consideradas como inúteis, perturbadoras ou fora das normas. Algumas vidas são mais vulneráveis que outras e, por isso, precisam ser protegidas para poderem se libertar ou se exprimir. São vidas que podem facilmente ser aniquiladas pelo exercício da violência ou do poder, ainda mais porque o liberalismo moral e político funciona como um elemento fortemente identitário, uma vez que nos ensinou a imaginar todo ser humano – independentemente de sua situação – como um sujeito sempre autônomo e já aceito por todos os outros como responsável por sua presente condição. A questão que se coloca é a de saber como pensar o embasamento social da vulnerabilidade em manifestações intersubjetivas específicas. Existe atualmente uma nova configuração teórica que se atrela a essa tarefa. É assim que, ao lado das éticas do cuidado, os trabalhos de Judith Butler sobre as feridas emocionais ou de

39 TRONTO, Joan. *Un monde vulnérable*. Paris: La Découverte, 2009, p. 182.

Axel Honneth[40] sobre o desprezo, por exemplo, podem ser lidos como identificações de diferentes formas de vulnerabilidade que marcam socialmente corpos e espíritos com uma falta de poder. O poder de ferir da linguagem, para Judith Butler, ou a impossibilidade de se realizar a si mesmo, para Axel Honneth, funcionam como perdas de socialização e de potência de agir que tornam os sujeitos muito vulneráveis, por falta de reconhecimento e de viabilidade subjetiva.

## 2.2 A crítica ao homem liberal

A vulnerabilidade que, fundamentalmente, remete o humano a uma falta de poder – e à possibilidade de ser atacado ou violentado – introduz uma brecha no liberalismo, inclusive na sua concepção mais pluralista, a de John Rawls.[41] Não é o caso, entretanto, de fazer uma leitura simplista do liberalismo, em particular o de John Rawls, que é inovador e realmente determinado a lançar a possibilidade de uma sociedade igualitária.[42] Insistindo sobre a importância de uma esfera política fora do mercado que escapa ao objetivo utilitarista da mera repartição da prosperidade, como nos lembra Eva Feder Kittay,[43] Rawls

---

40 Na tradução francesa: BUTLER, Judith. *Le pouvoir des mots* [*O poder das palavras*]. Paris: Éditions Amsterdam, 2004; e HONNETH, Axel. *La société du mépris* [*A sociedade do desprezo*]. Paris: La Découverte, 2006.

41 "Um pluralismo refletido por oposição a um pluralismo simples" (na tradução francesa: RAWLS, John. *Libéralisme politique* [*Liberalismo político*]. 2ª ed. Paris: PUF, 2006, p. 5); ver também: AUDARD, Catherine. "Le libéralisme démocratique de John Rawls" ["O liberalismo democrático de John Rawls"]. In: _____. *Qu'est-ce que le libéralisme?* [*O que é o liberalismo ?*]. Paris: Gallimard, 2009, pp. 401-473. ("Folio essais").

42 RAWLS, John. *Libéralisme politique* [*Liberalismo político*]. 2ª ed. Paris: PUF, 2006, p. 30: "uma forma de liberalismo que é igualitarista".

43 KITTAY, Eva F. *Love's labor*: essays on women, equality and dependency. Nova York: Routledge, 1999, p. 75.

teorizou a necessidade de uma sociedade justa e de um espaço político próprio em que todas as pessoas poderiam ser tratadas como livres e iguais entre si. Nessa perspectiva, é necessário estabelecer "instituições fundamentais", cujo papel é o de "servir de diretriz à realização (...) dos valores da liberdade e da igualdade".[44] Um problema político maior para Rawls é exatamente o da correção sistemática das desigualdades estruturais. A relação com a justiça é central; ela é, entretanto, apreendida pelo viés das regras, dos dispositivos e de sujeitos racionais de direitos.

É bem nesse ponto que a diferença se aprofunda em relação às éticas do cuidado segundo as quais a esfera política não pode ser facilmente desvinculada da esfera social e antropológica, que remete à onipresença das relações de poder ou de exploração e à consideração do contexto e dos sujeitos sensíveis atormentados pela necessidade. Para Rawls, o campo político é apreendido por meio de uma abordagem normativa que consegue se interrogar acerca da "natureza de uma sociedade perfeitamente justa".[45] Esse liberalismo encontra, então, sua força em um universalismo abstrato reivindicado como tal e em um racionalismo herdado de Kant. Fundar uma sociedade justa e inventar uma cultura pública supõe elevar a um nível mais alto de abstração as teorias do contrato social de Locke, de Rousseau e de Kant. O contrato original não é concebido para se inserir em uma sociedade específica ou para estabelecer uma determinada forma de governo; ele permite que os princípios da justiça sejam reconhecidos em um espaço comum.[46] Por detrás do "véu da ignorância" da posição original – que supostamente

---

44 RAWLS, John. *Libéralisme politique*. 2ª ed. Paris: PUF, 2006, p. 29.

45 Na tradução francesa: RAWLS, John. *Théorie de la justice* [*Uma teoria da justiça*]. 2ª ed. Paris: Le Seuil, 1997, p. 35.

46 RAWLS, John. *Théorie de la justice*. 2ª ed. Paris: Le Seuil, 1997, p. 37.

## CAPÍTULO II – CUIDAR CONTRA O INDIVÍDUO LIBERAL

simboliza o momento em que se constituem as instituições políticas da estrutura de base do Estado de Direito – se tece uma concepção do ser humano como ser racional e político. Por trás desse véu, ninguém se reconhece em seu ser social ou sensível. Perdemos o acesso a todas as informações particulares que fariam de nós sujeitos com interesses e parciais: todos os seres humanos são iguais. Assim, compreendendo os outros da mesma forma que a si mesmos, podem se colocar no lugar de um outro, seja ele quem for. A fundação da sociedade justa é, portanto, inteiramente racional; é dessa forma que, pelo decorrer do tempo, deve se constituir a ordem social democrática. Cada um pode, então, aceitar um consenso tolerável para os mais desfavorecidos pois faz a abstração de sua própria situação para atingir um raciocínio universal.

A filosofia política de Rawls encontrou sua realização em um pensamento jurídico, uma teoria da justiça que somente considera o humano em uma sociedade enquanto sujeito de direito, e em um duplo grau: um sujeito para o direito e um sujeito que tem direitos. A justiça deve permitir que se instaure um consenso democrático por meio do qual os cidadãos obedeçam a leis que eles mesmos escolheram com o intuito de respeitar a igualdade e a liberdade inerentes a todos os seres humanos. O fundamento constitucional das sociedades e os dispositivos jurídicos são suficientes para estabelecer uma democracia renovada, que oferece a cada uma ou cada um as chances de se realizar dentro de um Estado de Direito. Essa interpretação da situação inicial, que apresenta a escolha da sociedade em termos racionais, pressupõe integrantes concebidos como pessoas autônomas que se engajam voluntariamente em um sistema de cooperação social. Porém, numerosos problemas acabam sendo jogados à margem da política. Feministas como Susan Moller Okin, Annette Baier ou Eva Feder Kittay condenam, no liberalismo de Rawls, o fato de não conseguir articular a "crítica da dependência" à sua teoria da justiça. Em outros termos, a teoria de Rawls não permite que se dê lugar às relações de dependência, verdadeiras reveladoras da vulnerabilidade humana e, ainda mais, das situações de injustiça; essas relações são legadas ao infrapolítico pois não se desenvolvem de acordo com laços de justiça determinados exclusivamente pela reciprocidade entre pessoas livres e iguais. A vulnerabilidade, na forma como se manifesta na dependência, tem suas raízes em relações assimétricas entre pessoas dependentes e pessoas que se ocupam desses indivíduos dependentes.

## 2.3 A guinada da filosofia prática no século XVIII

De forma mais ampla, a teoria de Rawls se apoia sobre uma mudança significativa da filosofia prática europeia ocorrida no século XVIII – que o projeto das éticas do cuidado pretende colocar em questão. Por força da passagem da filosofia escocesa (Hutcheson, Hume e Smith) à filosofia kantiana, ocorreu uma transformação sintomática da mudança de natureza do laço social: os sentimentos morais deram lugar a uma moral universalista. Com Kant, a moral se tornou uma esfera autônoma da vida humana ainda que, antes dele, pudesse valer dentro do jogo social, por meio de um jogo da razão e dos sentimentos morais que relembrava o quanto os sentimentos podem ser um espaço fundador das atividades humanas. Enquanto Hutcheson postulava um sentido moral ou uma benevolência natural que a ordem política tinha a missão de moldar e de educar, Hume propunha, por sua vez, uma simpatia mais problemática, não como amor pela humanidade, mas somente como atenção em relação ao que acontece aos próximos. Assim, tornava-se importante pensar um sistema de justiça como limitação de todas as atividades que dizem respeito a nossos próximos e a nós mesmos. Adam Smith tornaria ainda mais problemático

## CAPÍTULO II – CUIDAR CONTRA O INDIVÍDUO LIBERAL

o laço com o outro e a possibilidade de sentimentos morais, fazendo da simpatia uma operação mental na qual nossa relação com o outro não é do registro do sentir, mas de uma projeção em que somente podemos imaginar o que ele sente.

Segundo Joan Tronto, a simpatia em Smith manifesta uma complexidade maior da relação com o outro: "o problema moral essencial torna-se assim o de saber como conseguimos nos prolongar até a posição do outro".[47] A simpatia, por seu ato de projeção imaginária na experiência do outro, supõe uma partilha do que é comum por meio da separação sensível das experiências de vida. Com Smith, os fundamentos da moral são definitivamente modificados e atestam um maior isolamento dos indivíduos, vencidos por um desenvolvimento sem precedentes do comércio que os torna mais calculistas e mais propensos a basear a virtude no interesse pessoal. De acordo com Tronto, Smith foi então tomado por "um ceticismo moral"[48] que tinha suas raízes na perda de eficiência dos sentimentos morais e no diagnóstico de um aumento da distância nas relações sociais. Nessa perspectiva, a figura do espectador imparcial deve ser interpretada como a possibilidade de introduzir um ponto de vista moral – resultante de uma reflexão e de um distanciamento – numa sociedade interessada em limitar o poder dos mercadores e em construir uma política que não reduza o laço social à mera busca de interesses econômicos. Assim, a moral deve admitir a separação dos indivíduos e a política, por sua vez, uma esfera pública que controle os interesses privados. De Smith a Kant, dá-se somente um outro passo teórico que consiste em abandonar uma simpatia já interiorizada em troca de um modelo do "ponto de vista moral" que reduz definitivamente as interações com os outros para fazer da moral, ao contrário

---

47 TRONTO, Joan. *Un monde vulnérable*. Paris: La Découverte, 2009, p. 79.
48 TRONTO, Joan. *Un monde vulnérable*. Paris: La Découverte, 2009, p. 81.

então da política, não a esfera da ação, mas a do pensamento e da racionalidade prática. Assim, a moral não mais permite o encontro com os outros em uma vida social voltada para a troca benevolente. Ela se limita a uma consideração sobre a justificação das condutas morais. A questão moral se torna a dos julgamentos morais formulados de um ponto de vista distanciado e desinteressado, tendo como plano de fundo um laço social que se precisa controlar e regular. A esfera dos sentimentos é definitivamente excluída da racionalidade moral e colocada fora da esfera pública, pois traz o risco de impedir o fundamento moral da política.

Portanto, essa mudança de direção observada na história da filosofia prática não faz senão reforçar na teoria as formas de rebaixamento social que ocorrem nas práticas. Os sentimentos morais, tornando-se um assunto privado, podem sem dificuldade ser remetidos ao mundo privado e silencioso das mulheres não destinadas ao domínio público. Assim é então revelada em sua própria violência a impureza dessa divisão – que, entretanto, se pretende racional – do mundo; este último, aliás, esconde relações de poder que fabricam um "outro": as mulheres e todos aqueles, escravos, migrantes ou assemelhados, que se tornam periféricos por uma divisão que associa "ponto de vista moral" e participação a uma esfera pública homogênea ou estável. Segundo Tronto, a ética do cuidado deve, então, precisamente, ser compreendida como o questionamento de uma filosofia moral que desenvolveu uma política fechada em uma teoria da justiça abstrata que exclui toda solução de continuidade entre as atividades que concernem à moral universal e as que são destinadas à vida cotidiana, inframorais e infrapolíticas. As mulheres se situam, então, nessa esfera silenciosa do ordinário, que configura uma periferia muito distanciada de um centro de atividades masculinas ditas "desprendidas" e "desinteressadas" graças ao "ponto de vista moral".

## 2.4 Vulnerabilidade e crítica da identidade

A confiança em dispositivos de justiça perenes e a possibilidade de dar uma identidade ao sujeito ao mesmo tempo racional e autônomo pressupõem um mundo estável, um devir linear para humanos transformados em cidadãos implicados na vida pública.

Se a humanidade é então qualificada por sua vulnerabilidade, por um questionamento do movimento histórico finalizado no século XVIII, as formas conquistadas de cidadania, capazes de estabelecer um consenso democrático elaborado por sujeitos suficientemente indistintos ou neutros, não são mais evidentes. A partir da referência à vulnerabilidade, todo o espírito de uma crítica ao liberalismo em seu fundamento moral é reativado; as teorias liberais se mostram incapazes de compreender os novos movimentos sociais (feminismo, defesa de novos direitos sexuais ou cívicos, luta contra as discriminações) e as novas formas de incerteza que desde então afetam as vidas comuns, particularmente no que concerne ao mundo do trabalho e às vidas afetivas. Também não conseguem pensar individualidades e coletivos cujas narrativas estão enraizadas em situações precisas de dominação, situações que tornam impossível uma expressão política capaz de funcionar enquanto participação em um Estado de Direito.

Mais ainda, o liberalismo pode condenar à invisibilidade, relegar para fora das lógicas de redistribuição e de reconhecimento todas aquelas e todos aqueles cujas identidades parecem esvaziadas por falta do poder de dizer e agir dentro de um sistema normativo que deixa para fora do dispositivo de justiça os indivíduos que não conseguem provar uma cidadania ativa ou deliberativa. Colocando à frente da cena um sujeito de direito que muito se assemelha ao sujeito transcendental kantiano, John Rawls certamente cria a possibilidade de pensar um Estado que não estaria nas mãos de uma casta ou moldado por identidades sectárias, porém ainda continua muito vago em relação à categoria dos "mais desfavorecidos". Ele tem especial dificuldade em pensar a complexidade ou a diversidade dessa categoria e de denunciar a violência das situações, em considerar a realidade social para além do ideal de justiça, com suas rupturas e seus acidentes, mais do que pela promessa racional de justiça.

## 2.5 Uma ontologia do acidente

Como, então, considerar a vulnerabilidade no âmbito de uma filosofia moral e política, mas também de uma ontologia que lhe dê a legitimidade de um conceito incontornável? Esse é um dos desafios centrais de uma ética do cuidado. Esse desafio foi bem intuído por Joan Tronto que propõe, em *Un monde vulnérable* [*Um mundo vulnerável*], uma definição global do cuidado como

> uma atividade genérica que compreende tudo que fazemos para manter, perpetuar e reparar nosso "mundo", de modo a que nele possamos viver tão bem quanto possível. Esse mundo compreende nossos corpos, nós mesmos e nosso meio ambiente, todos os elementos que tentamos reunir em uma rede complexa, como apoio para a vida.[49]

As vidas viáveis são, entretanto, vidas vulneráveis: cada vida desenvolve um mundo que devemos manter, desenvolver ou reparar. "Cuidar" supõe uma atenção a todas as vidas e a todos os seres que povoam o mundo. Essa definição bastante ampla – que reagrupa um certo número de atitudes, a capacidade de

---

49 TRONTO, Joan. *Un monde vulnérable*. Paris: La Découverte, 2009, p. 143.

## CAPÍTULO II – CUIDAR CONTRA O INDIVÍDUO LIBERAL

assumir responsabilidades, o trabalho do cuidado e a satisfação das necessidades – faz do cuidado uma atividade central e essencial da vida humana: a experiência do cuidado adquire nesse sentido um tipo de universalidade, porém essa universalidade não é de forma alguma abstrata, pois caracteriza o tipo de relação que convém ter com um ser singular, um elemento natural ou um objeto, a partir do momento em que se reconhece o seu pertencimento a um mundo vulnerável. É preciso, assim, ampliar consideravelmente o mundo do cuidado para lhe dar toda a sua amplitude: nessas bases, torna-se possível também "cuidar" da natureza. O cuidado, portanto, não é somente interpessoal; diz respeito fundamentalmente a nosso mundo em sua essência, à possibilidade de sua doação. Nesse sentido, é pertinente conferir à ética do cuidado uma consistência ontológica. Na realidade, uma ontologia do cuidado se baseia em uma crítica a todas as formas de poder, sejam elas naturais ou fabricadas pelo homem, em favor de tudo que merece proteção, atenção e que sempre corre o risco do apagamento e da desaparição. Esse mundo precisa de uma ética porque traz consigo um grande número de possibilidades de viver de uma outra forma, com outras normas que não as que o poder instaurado do capitalismo nos faz aceitar.

Desse ponto de vista, uma reflexão filosófica sobre o cuidado pode muito bem se fortalecer das teses de Catherine Malabou em *Ontologie de l'accident* [*Ontologia do acidente*], que provêm, entretanto, de toda uma outra tradição. De forma extrema, a vulnerabilidade não remete somente a identidades frágeis, mas as coloca em questão e salienta a falta de permanência das identidades. A vulnerabilidade pode muito bem ser observada nos acidentes dos percursos de vida que equivalem a "transformações que são atentados".[50] Essas identidades, cindidas

---

50 MALABOU, Catherine. *Ontologie de l'accident* [*Ontologia do acidente*]. Paris: Éditions Léo Scheer, 2009, p. 10.

por acidentes tão heterogêneos quanto graves doenças ou lesões, guerras, catástrofes naturais e dramas familiares ou profissionais, experimentam uma impossibilidade de se reconhecer e de narrar, uma vez que o que sobra da vida inicial são somente farrapos impossíveis de se juntar. A vulnerabilidade se torna essa experiência negativa, devastadora, que impede a instituição de um mundo comum em condições de igualdade com os outros. Consequentemente, não designa unicamente uma filosofia da contingência, mas uma ontologia do acidente, levando em consideração outras linhas de pensamento além daquelas de uma racionalidade contínua e necessária.

É que levar em consideração a vulnerabilidade reaviva o vasto problema da contingência (a possibilidade de ser de uma forma diferente da que se é e a de não ser). Vale como uma forma de trazer de volta a opacidade do início de toda vida humana, o fato de que nascemos fundamentalmente fracos e frágeis e de que precisamos que alguém tome conta de nós. Designa, então, uma relação de vínculo fortemente desejada e que pode não estar disponível, relação remetida à violência de sua ausência e de que recalcamos o traço. Com Judith Butler, podemos afirmar que remete, portanto, a uma forma de sofrimento fundamental, o de não conhecer seu próprio nascimento, a uma melancolia sobre a origem que reencontramos certamente no final da vida, ou cada vez que a morte se aproxima para nos lembrar que somos fundamentalmente vulneráveis, e que devemos apelar para a atenção dos outros, menos vulneráveis nesse momento.[51]

## 2.6 Vulnerabilidade e dependência

A ética do cuidado mobiliza certamente uma ontologia da vulnerabilidade, desestabilizando, porém, uma tradição

---

51 BUTLER, Judith. *La vie psychique du pouvoir*. [S.l.]: Léo Scheer éditions, 2002, pp. 30/31.

intelectualista ou espiritualista. No âmbito de uma perspectiva ontológica, a referência à vulnerabilidade se torna essencial para que se incorpore a proteção da natureza ou do meio ambiente nos questionamentos sobre a proteção. No entanto, ela também é igualmente indispensável para uma melhor compreensão das vidas vulneráveis, dos sujeitos em estado de necessidade de que se precisa "cuidar". E ainda mais: ela recebe, nos dois casos, um sentido pragmático destinado a realçar as diferentes experiências da dependência. A dependência funciona como o revelador de uma vulnerabilidade ontológica e antropológica. A ética do cuidado se realiza em uma atenção com os outros, atenção que vale como uma resposta apropriada dada a seres dependentes cujo estatuto de sujeito deve ser pensado por meio da necessidade de sobrevivência, de manutenção da vida ou de um maior bem-estar. O ser humano não é somente um ser racional ou um sujeito de direitos; é também uma pessoa cujo desenvolvimento da potência de vida pode ser impedido. Somos frequentemente seres dependentes, pois fundamentalmente vulneráveis.[52]

A vulnerabilidade humana se manifesta geralmente nas existências marcadas pela passividade aparente e pela exposição a outrem. Cuidar dessas vidas não equivale, entretanto, a limitá-las, mas sustentá-las e protegê-las. Se o "cuidar" pode se degradar sob a forma de violência ou de maus-tratos é porque implica relações de dependência e relações muito assimétricas, que acabam sendo colocadas em primeiro plano por certas formas extremas de dependência. A noção de dependência não poderia se reduzir a uma noção negativa; deve ocupar todo seu espaço em uma ética do cuidado. Em *Love's labor* [*O trabalho do amor*], Eva Feder Kittay inaugurou essa reflexão moral e

---

52 Ver também: BRUGÈRE, Fabienne. *Le sexe de la sollicitude*. Paris: Le Seuil, 2008, pp. 26/27.

política ao passar da questão da vulnerabilidade para a das grandes dependências, tão diversas quanto as da mais tenra infância, do final da vida, das doenças graves e, mais ainda, dos *handicaps* físicos e mentais. Ao basear sua teoria nas formas extremas de dependência, Kittay coloca em primeiro plano as relações interpessoais e institucionais, em que a pessoa em tratamento é incapaz de prover suas necessidades vitais e de retribuir o que lhe é dado pela pessoa ou pelas pessoas que cuidam dela: nesse contexto, ao contrário do que sustentam outras éticas do cuidado, torna-se difícil vislumbrar uma passagem da dependência à interdependência enquanto horizonte para as lutas contra a dependência.[53] Certamente, somos todas e todos interdependentes socialmente (um[a] empresário[a] depende de seu secretário ou de sua secretária, as populações urbanas das empresas agrícolas etc.), mas certas pessoas são tão frágeis corporal e mentalmente que sua dependência nunca chega a se estabelecer enquanto interdependência: "em um dado momento, existe uma dependência que não é – ou que não é mais – da ordem da interdependência".[54] Certas formas de dependência como as que dizem respeito às pessoas com deficiência intelectual severa nunca serão precedidas ou seguidas por relações interdependentes, no sentido de relações que gozam de uma forma de reciprocidade. A interdependência nem sempre pode ser o ideal de emancipação das lutas contra a dependência.

Levar em conta a dependência extrema mais do que a vulnerabilidade ou a interdependência habitual é uma atitude que serve de antimodelo para criticar de forma definitiva a ficção

---

53  Ver as análises de GARRAU, Marie; LE GOFF Alice. *Care, justice et dépendance* [*Cuidado, justiça e dependência*]. Paris: PUF, 2010, pp. 111-124. ("Philosophies").

54  KITTAY, Eva F. *Love's labor*: essays on women, equality and dependency. Nova York: Routledge, 1999, p. XII.

liberal de independência. De fato, nesse contexto, como pensar a possibilidade da associação entre iguais, que sempre pressupõe formas de reciprocidade na base de todo laço social e de toda atividade humana voltada para o outro? Para Kittay,

> enquanto os laços da justiça forem estabelecidos com base em relações recíprocas entre pessoas livres e iguais, os dependentes continuarão a ser privados de seus direitos de representação. E ainda: os que trabalham no campo da dependência – que são de outra forma plenamente capazes – e os colaboradores também continuarão a partilhar dos diferentes graus de não representação dos dependentes.[55]

Uma sociedade não deve considerar que a dependência é uma questão periférica, deve fazer dessa questão um problema central para não reduzir as existências humanas a um ideal de cidadania que promove uma sociedade bem ordenada e que transforma o indivíduo em pessoa moral. A partir dessa necessidade expressa de refletir sobre a dependência, Kittay explica em que a ética do cuidado permite que ela seja mais facilmente reconhecida. As práticas e o trabalho no campo da dependência são, então, repensados a partir de uma realidade social, a do investimento massivo das mulheres (nas mal remuneradas profissões ligadas ao cuidado dos casos de dependência e enquanto mães no espaço familiar). Os *dependency workers* são majoritariamente mulheres, em particular mulheres pobres ou consagradas ao espaço familiar por um ou outro motivo. A voz do cuidado (*the voice of care*) não poderia ser pensada fora da experiência das mulheres, da exploração de sua força de trabalho no campo das atividades de cuidado. Nessa perspectiva, Kittay

---

55 KITTAY, Eva F. *Love's labor*: essays on women, equality and dependency. Nova York: Routledge, 1999, pp. 76/77.

presta uma homenagem a Ruddick; esta analisou o trabalho das mães, considerando a maternidade não como a expressão de uma natureza, mas como o exercício de uma maternagem, de uma soma de práticas que pressupõem competências e uma inteligência específica. Também questionou o lugar do poder nas relações de cuidado. Em toda relação de cuidado, existe uma desigualdade de poder entre o cuidador e o cuidado. Porém, segundo Ruddick, essa assimetria dos papéis conduz frequentemente a lógicas de dominação em cadeia: dominação dos homens sobre as mulheres consagradas às atividades do cuidar, dominação do provedor de cuidado sobre aquele ou aquela que se emprega para cuidar de alguém próximo, dominação do trabalhador sobre o ser fundamentalmente vulnerável de que se tem o encargo. Dominar é transformar o outro em objeto de uma propriedade; é também acreditar que a relação de dominação é necessária para o bem-estar ou a manutenção da vida do dominado.[56] A dominação é um exercício ilegítimo de poder que pode ser favorecido pelas relações de cuidado, ainda mais quando concernem à questão da grande dependência que o liberalismo silencia, fora do campo da justiça.

Contra o que não foi imaginado pelo liberalismo, Kittay conclama a um feminismo que não poderia ser pensado sem referência à questão da dependência. A divisão sexual separa o trabalho dos homens e o das mulheres. A igualdade não faz com que os homens se invistam em atividades realizadas pelas mulheres quando essas atividades estão ligadas ao cuidado não reconhecido dos seres dependentes. Desde *O segundo sexo*, Simone de Beauvoir havia pensado a dependência das mulheres em relação aos homens como o lugar de uma alienação

---

56 RUDDICK, Sarah. "Injustice in families: assault and domination" ["Injustiça em famílias: ataques e dominação"]. *In*: HELD, Virginia (Coord.). *Justice and Care*: essential readings in feminist ethics. Boulder: Westview Press, 1995, pp. 213/214.

que impede a igualdade. Por sua vez, pouco depois, Susan Moller Okin denunciou a falta de justiça no espaço familiar e privado que faz com que os encargos referentes ao cuidado caiam sobre as mulheres, excluindo-as do espaço público.

Diante dessa situação das mulheres, é necessário estabelecer uma nova teoria da igualdade que acolha, em sua essência, a questão da dependência. Em vez de uma crítica feminista diferencialista (formulando a irredutibilidade das diferenças femininas) ou de uma crítica da dominação (para a qual a dominação é anterior à diferença e explica todas as relações sexuadas), em vez de uma crítica da diversidade (as mulheres têm destinos muito diferentes, e é preciso associar o gênero com a raça e a classe social), precisamos instaurar uma crítica feminista da dependência em que o que conta é uma reavaliação da igualdade a partir da análise moral e política das assimetrias criadas por todas as formas de dependência.[57] Em outros termos: como se pode imaginar uma igualdade compatível com as relações de dependência, especialmente com as que não podem ser suprimidas? O feminismo se torna, então, o lugar de uma nova concepção de igualdade, que passa do campo do abstrato ao do concreto, do construtivismo à crítica, do registro do que é impessoal ao do pessoal ou do interpessoal.

A igualdade não deve continuar sendo fugidia (*an elusive equality*). Como escreve Kittay: "a questão da igualdade se fragmenta em questões sobre as igualdades. Igualdade para quem? Igualdade em que medida? Igualdade de quê? Igual a quê? Igual a quem?"[58] As afirmações de Kittay estão, portanto, muito próximas das considerações de Amartya Sen, para quem, caracterizar e combater as desigualdades supõe que se pergunte

---

57 KITTAY, Eva F. *Love's labor*: essays on women, equality and dependency. Nova York: Routledge, 1999, pp. 9-17.

58 KITTAY, Eva F. *Love's labor*: essays on women, equality and dependency. Nova York: Routledge, 1999, p. 5.

qual tipo de igualdade queremos estabelecer e também quais são as variáveis em questão: a renda, a felicidade, a igualdade dos sexos, a satisfação das necessidades ou as oportunidades de sucesso.[59] Esse retorno às realizações concretas coloca a igualdade preconizada pela ética do cuidado do lado de uma política preocupada em estabelecer prioridades, em comparar situações e não somente em aperfeiçoar dispositivos conformes a um ideal de justiça.

Fazer do feminismo o lugar de uma crítica da dependência que permite colocar a questão *das* igualdades – mais do que a *da* igualdade – é conceber o projeto de uma sociedade entendida em suas práticas horizontais, mais do que através de um eixo vertical e posições hierárquicas. Além disso, é necessário incluir o mundo da dependência nas relações de justiça e, assim, colocar a questão da viabilidade das relações previstas contra as práticas de dominação. Quais posições se deve, então, levar em conta? Inicialmente, é preciso ter em vista o peso que a dependência acarreta sobre os outros; a pessoa dependente está então muito vulnerável. Ela representa um ser mantido pelo cuidado, pela guarda, pela vigilância ou pelo apoio de um outro. Estar encarregado de uma pessoa dependente pressupõe um trabalho que se exerce com uma energia e uma atenção em favor de um beneficiário. Porém, é também uma forma de assistência. O trabalhador ou a trabalhadora que tem o encargo do dependente deve poder ter a capacidade e a autoridade necessárias para cumprir esse trabalho com responsabilidade. O problema está justamente no fato de

---

59 Na tradução francesa: SEN, Amartya. *Repenser l'inégalité* [*Repensar a desigualdade*]. Paris: Le Seuil, 2000; e SEN, Amartya. "Equality of what? The Tanner Lecture on human values" ["Igualdade de quê? A leitura de Tanner sobre os valores humanos"]. *In*: McMURRIN, Sterling M. (Coord.). *Liberty, equality and law*: selected Tanner Lectures. Cambridge: Cambridge University Press, 1989, pp. 137-162.

## CAPÍTULO II – CUIDAR CONTRA O INDIVÍDUO LIBERAL

que, frequentemente, esses trabalhadore(a)s – pagos ou não de acordo com a contingência de a atividade se realizar em um espaço informal ou em um ambiente profissional – são eles mesmos fragilizados, pois cumprem essas atividades a serviço de outros, que têm os meios de se liberar do peso desse cuidado. De acordo com Kittay, a primeira dependência é reforçada por uma segunda dependência, que faz com que a pessoa que efetivamente realiza o cuidado esteja à mercê de uma "desigualdade de situação"[60] em relação a quem contrata o cuidado. Essa dependência derivada dos cuidadores não vai no sentido de uma repartição equitativa do trabalho de cuidar. É preciso reconhecer um poder moral específico não pensado por Rawls e que se caracteriza pela necessidade de reconhecer coletivamente a necessidade de se cuidar dos outros. Esse poder moral instaura mais responsabilidade do que reciprocidade no sentido dado por Rawls, que não permite levar em conta as relações de dependência. Os seres extremamente dependentes não podem devolver o cuidado que recebem, seja ele qual for. É necessário que haja um intermediário. Nessa perspectiva, Kittay prega um conceito ampliado de reciprocidade que ela designa por um termo caracterizador das sociedades tradicionais, a *doulia*. Trata-se aqui de pensar um princípio de ajuda ou de cuidado em relação àquelas ou àqueles que, ao se ocupar de outros, não podem cuidar de si mesmos. A forma de reciprocidade é indireta; assim como, quando éramos crianças, precisávamos de cuidados para nos desenvolver, nossa sociedade deve fornecer as condições adequadas para que outros se beneficiem do cuidado e da atenção necessárias à manutenção de suas vidas.

---

60 KITTAY, Eva F. *Love's labor*: essays on women, equality and dependency. Nova York: Routledge, 1999, p. 45.

Dessa forma, sociedades serão justas quando garantirem um suporte por parte das instituições – não somente de forma direta em favor das pessoas dependentes, mas também no sentido de oferecer recursos, apoios, oportunidades para que aquelas e aqueles que dispensam o cuidado possam desenvolver suas competências. A dependência secundária dos cuidadores, sua atividade em favor de um outro vulnerável, dá a eles o direito a um apoio da coletividade.[61]

Assim como reavalia a reciprocidade a partir da responsabilidade que envolve o cuidado, Kittay reconsidera a noção de ação, a fim de poder considerar a capacidade de agir dos seres dependentes. Em outra obra, que aborda a doença mental, o que importa é analisar a possibilidade de ação (*agency*) dos seres humanos que escapam à marca de humanidade pela qual muitos filósofos qualificam o fato de se ser humano, a razão. Trata-se, então, de modificar nossos comportamentos, nossas instituições, nossa concepção da justiça e da moral para fazer com que nelas entrem outros signos de atividade além das que exprimem uma racionalidade da ação (como o fato de compreender totalmente as consequências de suas ações, critério que não poderia estar em jogo no caso de pessoas com uma deficiência mental).[62]

A abordagem de Eva Feder Kittay sugere que nem todas as formas de dependência podem ser suprimidas. Ela dá um conteúdo à vulnerabilidade ao colocar a questão da dependência. Certamente, a dependência não permite pensar todo a extensão do cuidado, mas vale como um revelador da estreiteza do liberalismo político escorado sobre a ficção de um indivíduo

---

61 KITTAY, Eva F. *Love's labor*: essays on women, equality and dependency. Nova York: Routledge, 1999, pp. 106/107 e 132/133.

62 KITTAY Eva F.; CARLSON, Licia (Coord.). *Cognitive disability and its challenge to moral philosophy* [*Incapacidade cognitiva e seus desafios para a filosofia da moral*]. Chichester: Wiley-Blackwell, 2010, pp. 12-14.

independente, autônomo e racional. Também aqui é o caso de refletir sobre a possibilidade de um bom cuidado não somente no campo das relações interpessoais, mas também através do funcionamento das instituições e do espírito das políticas públicas. Como pensar uma ética do cuidado e associá-la à exigência democrática de uma sociedade realmente justa, que não exclui ninguém e que respeita as diferenças introduzidas pela questão da dependência?

## 2.7 O bom cuidado

Não se deve conceber a ética do cuidado unicamente em termos de relações interpessoais, pois o cuidado coloca em questão a separação entre moral e política, entre esfera pública e esfera privada, em nome da repartição entre centro e periferia que é estabelecida por essas divisões. Além disso, apresentar uma teoria geral do cuidado supõe que se sustente a perspectiva de uma mudança política e social. A ética do cuidado deve, então, ser entendida como uma teoria crítica que denuncia e exibe os procedimentos pelos quais, em nossas sociedades, instituiu-se uma marginalização do cuidado para com os mais vulneráveis, bem como um não reconhecimento das práticas, das pessoas e das instituições que asseguram esse tratamento social. Ao mesmo tempo que todos e todas que praticam o cuidado tornam possível a manutenção do laço de ajuda mútua, de solidariedade e de cuidado, também são condenados ao silêncio, participam pouco das esferas de decisão pública, são mal remunerados ou reduzidos à dedicação gratuita e solitária no espaço privado. É necessário fazer um balanço completo do contexto ideológico do cuidado que – a despeito de sua especificidade ética – reduz suas práticas a normas de rentabilidade econômica e de gestão administrativa. Especialmente, a gestão neoliberal do cuidado, que apaga tudo o que o remete à questão do corpo, nas esferas consideradas como íntimas. Por quê?

Porque abordar, pelas práticas de cuidado, a maneira pela qual um cuidador se relaciona com um corpo dependente, que frequentemente exibe contra si mesmo as suas fraquezas, não combina com as injunções em direção à autonomia e revela um sujeito totalmente outro. Um sujeito dependente é um sujeito que precisa dos outros. A dependência, então, deve ser considerada como sendo objeto de relações delicadas e ambíguas (que podem ser violentas), que necessitam do socorro das pessoas, das associações ou das instituições. Como mostra Joan Tronto, a autoridade no cuidado não está do lado dos cuidadores, mas do lado dos que, pelo fato de não o exercerem, determinam a maneira como ele será fornecido: "é o médico que 'assume a responsabilidade sobre' o paciente, ainda que a enfermeira, que cuida dele, observe coisas que o médico não vê ou não considera como importantes".[63] É sintomático perceber que quanto mais o cuidado se afasta do assumir a responsabilidade – no modelo bastante valorizado do médico que se relaciona com um paciente para curá-lo –, e quanto mais ele toma a forma da preocupação pelos cuidados locais corporais – como o técnico de enfermagem que limpa um doente –, mais é deixado para trás pelos poderosos e menos valorizado por sociedades convertidas a um mercado abrangente e aparentemente desmaterializado. Particularmente, se fizermos um histórico das tarefas de limpeza ligadas às funções corporais, elemento central do cuidado conferido aos mais dependentes (crianças pequenas, pessoas idosas, pessoas muito doentes etc.), perceberemos facilmente que essas tarefas foram, sobretudo, atribuídas às mulheres no espaço privado, familiar ou professional, e também a imigrantes, a descendentes de imigrantes ou ainda às classes operárias.

---

63 TRONTO, Joan. *Un monde vulnérable*. Paris: La Découverte, 2009, p. 151.

CAPÍTULO II – CUIDAR CONTRA O INDIVÍDUO LIBERAL

O cuidado é objeto de uma divisão social de acordo com o gênero, a raça e a classe. Pode, então, se tornar objeto de um trabalho mal remunerado (trabalho dos dominados ou dos fracos a serviço dos poderosos), pouco considerado, ainda que constitua uma engrenagem essencial para o funcionamento da sociedade de mercado. Mesmo estando presente em uma grande parte de nossa vida cotidiana, não reconhecemos o valor do cuidado e não damos a essa dimensão a atenção que merece. Apesar de ter como finalidade o tratamento da vulnerabilidade, frequentemente ele não faz senão instaurar cadeias de vulnerabilidade, que são também cadeias de exploração dos indivíduos que fornecem o cuidado. Poderíamos acrescentar às análises de Tronto que o cuidado inadequado não é somente um cuidado marginalizado, fragilizado, cuja existência institucional está em perigo.[64] É também um cuidado submetido às exigências do mercado e da rentabilidade econômica: cuidar de modo particular de um ser vulnerável se torna um encargo quase impossível, pelo fato de este encargo se tornar impraticável por causa de relações que não possibilitam o tempo necessário para a disponibilidade física ou pessoal.

O trabalho de cuidar se faz por meio de cadeias de exploração dos indivíduos, de suas presumidas disposições humanitárias. A desvalorização sistemática do cuidado está ligada a uma impossibilidade do atual sistema político globalizado de levar em consideração a preocupação com os outros. Como nossas sociedades poderiam considerar as atividades, as práticas ou as profissões que, em sua essência, escapam à esfera específica da rentabilidade financeira? A delegação a outros do que se refere ao cuidado por parte dos privilegiados impede uma reflexão aprofundada a respeito dessa questão: o que devemos

---

64 TRONTO, Joan. *Un monde vulnérable*. Paris: La Découverte, 2009, pp. 153-155.

fazer coletivamente em favor do "cuidar"? Nossa compreensão acerca dessa questão é fragmentada, as atividades de cuidado são desmembradas e descritas como se somente dissessem respeito a preocupações de pouco interesse. A ética do cuidado tem a missão de produzir uma reflexão sistemática e de fazer desse conceito uma categoria central de análise da sociedade.

Essa dificuldade em unificar o cuidado tem relação com a ausência de reconhecimento das atividades por ele abarcadas – de acordo com a ideia de que não é necessário falar a esse respeito, visto que esse conceito resvala na fronteira entre o público e o privado, o corpo e o espírito ou ainda na ordenação nebulosa do "coração". Ela se baseia no fato de que o cuidado é constantemente associado à intimidade, à afetividade e à proximidade; dessa forma, ele é naturalizado, feminizado, e seu reconhecimento enquanto trabalho é dificultado. A fragmentação das atividades de cuidado dificulta uma percepção unificada a seu respeito. Como, então, discernir o seu lugar, que é, entretanto, estruturalmente central na vida social? A distribuição desigual do poder, dos recursos e das distinções sociais afeta tanto mais particularmente as atividades de cuidado quanto mais se desenvolverem em um mundo fragilizado e governado por indivíduos preocupados somente consigo mesmos e com seus interesses.

Assim, engajar-se em uma reflexão sobre o "bom cuidado" é propor uma outra organização das atividades inerentes ao cuidado, ao trabalho social, à educação, em suma, a todos esses campos que comportam uma preocupação em relação aos outros. Mas é também preconizar um papel para as disposições subjetivas frente ao cuidado, que podem ser entendidas como a possibilidade de uma disponibilidade dos cuidadores, a qual toma a forma de uma conciliação entre a capacidade e a atividade. Essa disponibilidade atenta dos cuidadores se constrói por meio do respeito à especificidade do trabalho de cuidar,

## CAPÍTULO II – CUIDAR CONTRA O INDIVÍDUO LIBERAL

que compreende uma relação com o tempo, estruturado pelas incertezas das vidas humanas e não pelo reinado dos objetos. Optar por uma reflexão sobre o bom cuidado supõe concebê-lo "quando a atividade e a disposição estão ambas presentes".[65]

Defender uma abordagem pragmática da ética não obriga a abandonar a referência às disposições e a uma compreensão normativa do cuidado. Trata-se sobretudo de explicar melhor o jogo entre a disposição e a atividade, descrevendo concretamente as fases de um cuidado adequado. O texto de Tronto é muito claro quanto a esse projeto analítico: "notamos que, enquanto processo ativo, o cuidado comportava quatro fases analiticamente distintas, mas intimamente ligadas. São as seguintes: preocupar-se com, responsabilizar-se, cuidar e receber o cuidado".[66] A primeira fase desencadeia o processo do cuidado; definida como *caring about*, consiste na disposição expressa pela atenção enquanto reconhecimento de uma necessidade que pede para ser satisfeita. Trata-se na verdade de tomar consciência da dimensão da disposição moral. A segunda, *taking care of*, implica ver que a necessidade pode ser efetivamente satisfeita e conceber os meios adequados para fazê-lo; designa a aceitação da tarefa, o fato de assumir uma responsabilidade. Estamos ainda no estágio da disposição, a de uma disposição moral para a responsabilidade. Com a terceira, *care giving*, ocorre o reconhecimento do trabalho efetivo do cuidado e de sua "competência" na resposta efetiva à necessidade. Enfim, um bom cuidado passa pelo *care receiving*, a capacidade de resposta do beneficiário. Esse último momento funciona como a verificação do bom cuidado: pergunta-se àquele que recebeu o cuidado se ele foi adequado à sua necessidade.[67] Podemos,

---

65 TRONTO, Joan. *Un monde vulnérable*. Paris: La Découverte, 2009, p. 147.
66 TRONTO, Joan. *Un monde vulnérable*. Paris: La Découverte, 2009.
67 Sobre essas quatro fases, ver o artigo de GARRAU, Marie. "La théorie politique à l'épreuve de la vulnérabilité" ["A teoria política sob o teste

então, mais uma vez, defender um lugar para a disposição de compreender enquanto disposição para a receptividade.

A atenção, a responsabilidade, a competência e a capacidade de resposta constituem uma gramática ética do ato de cuidar por meio da qual a disposição continua a ter o seu papel.[68] Porém, ocorre que é difícil evocar o alcance ético do cuidado, o bom cuidado, colocando completamente à parte a noção de "disposição". É preciso, sobretudo, assegurar a necessidade de pensar o caráter inseparável entre disposição e atividade, quando se trata de reconhecer a especificidade de um trabalho e de práticas ocasionadas pela necessidade alheia.[69]

Pensar o cuidado em termos de prática é, sobretudo, lutar contra qualquer idealização e desconfiar de qualquer forma de ingenuidade. Se a ética do cuidado é mais uma prática do que um conjunto de regras e de princípios, pode-se, então, do ponto de vista de Tronto, retomar os quatro elementos de um bom cuidado e, a partir deles, identificar os quatro elementos de uma ética do cuidado: a atenção, a responsabilidade, a competência e a capacidade de resposta.[70] Estar desatento às necessidades dos outros é, portanto, uma falta moral do ponto de vista de uma ética do cuidado. Nas sociedades que reforçam a insensibilidade em relação aos outros e estabelecem distâncias

---

da vulnerabilidade"]. *Intersections philosophiques*, Presses Universitaires de Paris-X, nov. 2006.

68 TRONTO, Joan. *Un monde vulnérable*. Paris: La Découverte, 2009, pp. 147-150. As quatro fases do bom cuidado foram inicialmente descritas em um artigo que redigi para o *site La vie des idées* [*A vida das ideias*], "Pour une théorie générale du *care*" ["Por uma teoria geral do cuidado"]. Disponível em: https://laviedesidees.fr/Pour-une-theorie-generale-du-care.html. Acessado em: 09.01.2023.

69 TRONTO, Joan. *Un monde vulnérable*. Paris: La Découverte, 2009, pp. 147-150.

70 TRONTO, Joan. *Un monde vulnérable*. Paris: La Découverte, 2009, p. 173.

entre os sujeitos, a desatenção é uma forma de indiferença e pode se tornar uma norma de comportamento social que não é questionada. Para Tronto, a filosofia de Simone Weil é um exemplo desse valor da atenção enquanto motor de toda interação humana autêntica. A responsabilidade vem depois da atenção como o momento da "responsabilização". A responsabilidade não vale somente como uma categoria moral formal sob o modo da obrigação a ser cumprida; ela tem, ao mesmo tempo, um sentido político que é o de pensar a possibilidade de seu compartilhamento em uma sociedade, o que equivale a reconhecer uma necessidade de cuidado. O terceiro momento, o da competência, deve ser compreendido no âmbito de um consequencialismo moral que faz com que a solicitude precise ser expressa; passa pelo sucesso do ato. "Cuidar" supõe se preocupar com as consequências e o resultado final. A adequação do cuidado à situação evidencia a própria competência da prática. Por fim, a capacidade de resposta do destinatário do cuidado é essencial; ela nos recorda que a resposta é difícil, frequentemente indireta, ou ainda sob a forma de recusa do cuidado, visto que as relações se desenrolam em situações de vulnerabilidade e de desigualdade. Basicamente, o cuidado *faz* uma crítica à autonomia concebida como uma posição para todos, a qualquer momento. Não se trata de dizer que a autonomia não existe ou de se recusar a considerar o ideal de vida que ela pode trazer. Porém, o exercício do cuidado "concerne às situações de vulnerabilidade e de desigualdade".[71] Precisar recorrer ao cuidado é estar em uma posição de vulnerabilidade que tem uma importância tanto moral quanto política. Fornecer os meios de responder àquele ou àquela que é cuidado(a) é reconhecer a vulnerabilidade contra as injunções da autonomia individual.

---

71 TRONTO, Joan. *Un monde vulnérable*. Paris: La Découverte, 2009, p. 181.

A ética do cuidado supõe, então, uma antropologia da vulnerabilidade, uma ontologia ou um mundo, uma consideração da dignidade da dependência e uma filosofia do "cuidar". Por outro lado, defender uma teoria geral do cuidado que se possa assimilar a um ideal regulador do cuidado permite desenvolver novas representações da prática. Trata-se aqui de uma nova filosofia que se materializa por um deslocamento das fronteiras entre os conceitos de dependência, de interdependência, de vulnerabilidade e de autonomia. A autonomia é complexa pois nunca é somente a autonomia de seres fundamentalmente vulneráveis. A igualdade deve também ser objeto de um tratamento renovado, posto que a realidade do cuidado desenvolve relações desiguais ou assimétricas entre seres concretos, determinados e irremediavelmente diferentes uns dos outros. Como recriar, então, essa comunidade que supõe a igualdade? Como instaurar reciprocidade e mutualidade enquanto não há nenhuma garantia direta? A vulnerabilidade destrói o mito segundo o qual, *a priori*, somos cidadãos iguais, racionais e autônomos; coloca novamente em causa a ordem teórica que funda a possibilidade de um discurso democrático sobre a política. O problema é, portanto, o de saber como, com as éticas do cuidado, propor uma política democrática e uma sociedade estruturada pela igualdade.

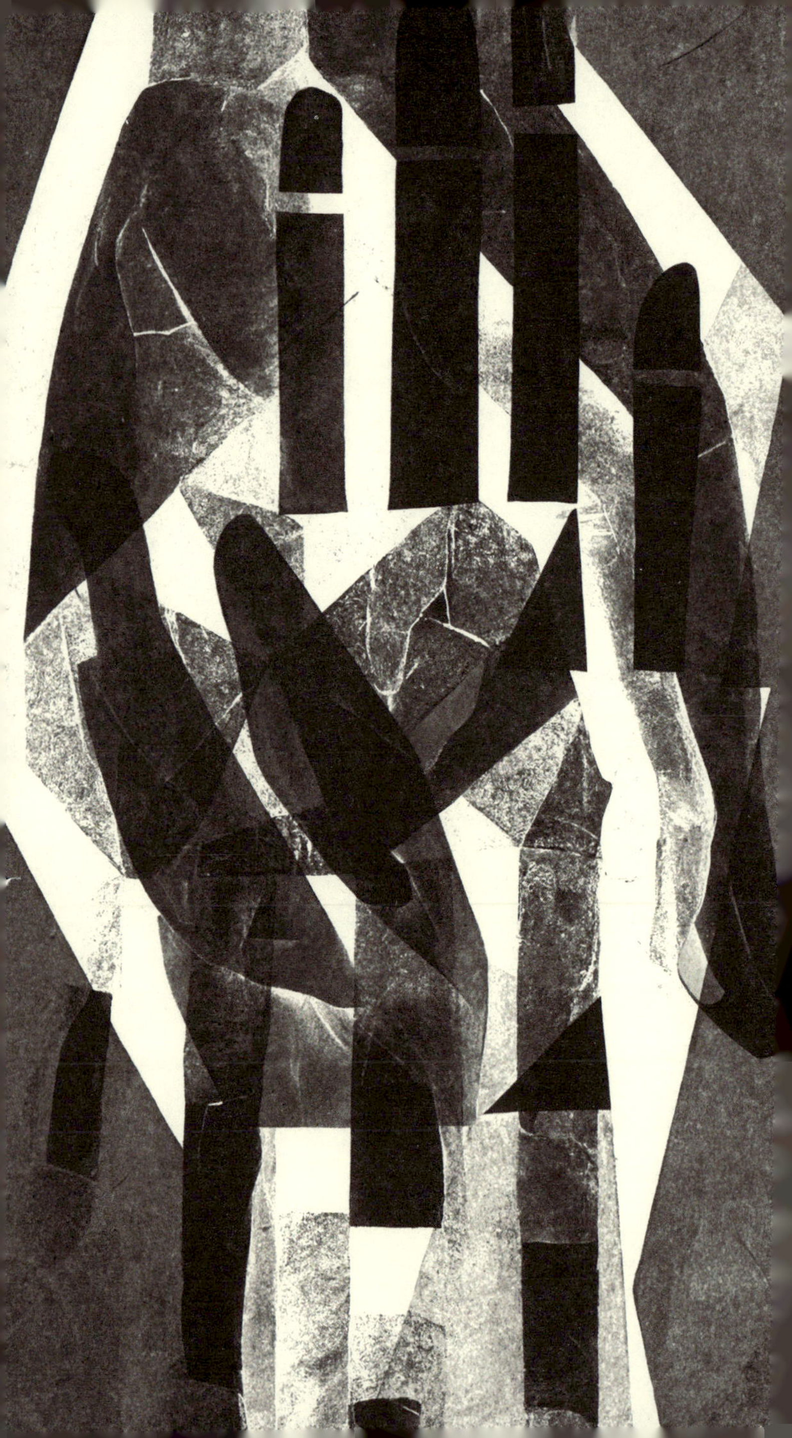

CAPÍTULO III

# POR UMA DEMOCRACIA SENSÍVEL

O cuidado depende da esfera em que se insere em várias situações; ele é um "cuidar", o que quer dizer que é exercido. Cuidamos dos doentes, das crianças, das pessoas idosas, dos precarizados e dos excluídos, mas também de todos os indivíduos, do meio ambiente ou das instituições: o "cuidar" diz respeito à vida, aos seres e objetos. No domínio do humano, designa uma atividade de acompanhamento com vistas ao desenvolvimento, à manutenção ou à restauração de uma potência de ser, de dizer ou de agir. Baseia-se em uma crítica ao individualismo contemporâneo quando este se fecha sobre a prescrição de um eu independente na fundação do laço social. Contra um ideal moral e político do eu separado, torna-se então necessário promover uma realidade do eu encarnado que reside em práticas relacionais. Com o "cuidar", as relações de dependência e de interdependência são tematizadas como forças de captação de nossos corpos e de nossos espíritos desde o nascimento, como relembra Judith Butler em *Le récit de soi* [*Relatar a si mesmo*]:

> O eu não é nem uma entidade nem uma substância, mas um conjunto de relações e de processos, implicados no mundo dos primeiros doadores de cuidado sob formas que constituem sua própria definição.[72]

A independência do eu é definitivamente uma ilusão ou uma reconstrução que se tornou necessária para que se continue a viver em uma sociedade de indivíduos apresentados como desvinculados uns dos outros. Porém, ela também corre o risco de se tornar uma representação desconectada de nossas práticas de vida e de nossos afetos. O pressuposto individualista concebe os seres humanos através de uma injunção à autonomia como se estes fossem, a todo momento de suas vidas, senhores e possuidores de si mesmos. Insistir sobre a interdependência generalizada das vidas é como promover uma outra concepção do viver junto, por meio da primazia de um laço democrático, preocupado em não excluir aqueles e aquelas que são confrontados a situações de vulnerabilidade. Isso demanda uma atenção com os outros e políticas públicas de apoio a fim de que se vislumbre uma retomada da capacidade de agir.

## 3.1 O uso neoliberal do "cuidar"

Se o "cuidar" designa um agir em direção a um outro ou a alguma coisa que precisamos proteger, reparar, manter em vida ou guiar em seu desenvolvimento, não podemos esquecer que sua noção se torna complexa e até mesmo ambígua quando

---

72 BUTLER, Judith. *Le récit de soi*. Paris: PUF, 2007, p. 59.

## CAPÍTULO III – POR UMA DEMOCRACIA SENSÍVEL

a confrontamos com seus usos contemporâneos. Existe um "cuidar" que não tem especificamente a ver com uma ética e que pode ser caracterizado por um modo neoliberal e não democrático.

Não podemos compreender a guinada particularista das ciências humanas à qual pertence a ética do cuidado sem um diagnóstico do presente, esse que está atrelado à descrição crítica dos mecanismos do neoliberalismo americano.

**1. A extinção neoliberal da democracia.** De fato, como nos mostra a obra de Wendy Brown, *Les habits neufs de la politique mondiale* [*Nas ruínas do neoliberalismo*], podemos constatar, a partir dos anos Reagan e Bush nos Estados Unidos, a extinção da democracia, uma "desdemocratização" que provém ao mesmo tempo do neoliberalismo e do neoconservadorismo. A política mundial atual, iniciada em um lar norte-americano, constrói-se sob a égide de uma racionalidade mercantil englobante e totalizante, que atravessa todos os campos: a economia, e inclusive a política, o social e até a intimidade. O neoliberalismo não consiste somente na implantação de um mundo das finanças oligárquicas, frequentemente masculino; expansionista, implanta táticas políticas que adicionam, à implacável racionalidade mercantil, um estadismo autoritário alimentado por valores conservadores impostos como normas de comportamento para os cidadãos comuns. Trata-se exatamente, de acordo com Wendy Brown, da construção mundial de um regime não democrático. A nova governamentalidade não instaura somente uma racionalidade econômica – tal como ela pôde se desenvolver em economias de mercado cuja marca intelectual era a obra *A riqueza das nações*, de Adam Smith –, mas uma racionalidade política e contagiosa que consegue penetrar em todas as esferas do real: "consiste, sobretudo, na extensão e na disseminação dos valores do mercado no centro da política social e em todas as instituições".⁷³ Engloba o Estado por meio de uma privatização oligárquica, não se limitando, porém, a esse desvio do Poder Público. Penetra nos indivíduos através de seus corpos e mentes para produzir sujeitos, modos de cidadania e de comportamento, assim como uma nova organização social. Dando sequência às análises de Michel Foucault, Wendy Brown compreende o neoliberalismo como uma estrutura globalizada, nascida, porém, em algumas regiões geográficas específicas, para submeter o político e todas as dimensões da experiência contemporânea à racionalidade econômica. O ser humano deve poder se definir como um *homo œconomicus*. Em seu foro mais íntimo, deve saber que viver de uma forma viável nos dias de hoje supõe adotar os hábitos do empreendedor, do indivíduo produtivo, pois sempre calculista, sendo que o poder do lucro é concebido como o regulador da atividade humana.⁷⁴ O traço característico do que se constrói apoia-se em normas que infiltram nos indivíduos suas convicções mais profundas de forma a fazer com que se tornem criaturas totalmente fiéis à racionalidade econômica.⁷⁵

**2. A instrumentalização do cuidado.** Consequentemente, nesse dispositivo, a questão do cuidado é, com certeza, objeto de uma reapropriação, de uma construção que passa pela primazia do "cuidar" de si, disfarçada de um neoconservadorismo preocupado em ampliar o campo da responsabilidade

---

73 Na tradução francesa: BROWN, Wendy. *Les habits neufs de la politique mondiale* [*A nova roupagem da política mundial*]. Paris: Les Prairies Ordinaires, 2007, p. 50.

74 A respeito do *homo œconomicus*, indivíduo calculista e comedido, ver, na tradução francesa: HIRSCHMAN, Albert. *Les passions et les intérêts* [*As paixões e os interesses*]. Paris: PUF, 2001.

75 Ver AUDIER, Serge. *Le colloque Lippmann*: aux origines du néo-libéralisme [*O colóquio Lippmann*: nas origens do neoliberalismo]. Lormont/ Bordeaux: Éditions Le bord de l'eau, 2008.

## CAPÍTULO III – POR UMA DEMOCRACIA SENSÍVEL

individual, em detrimento de todo projeto coletivo que possa reintroduzir a solidariedade, a ajuda mútua ou a gratuidade no laço social. Torna-se então evidente que, nessa sociedade neoliberal e neoconservadora que contamina os comportamentos humanos em nível global, o cuidado corre o risco de ser instrumentalizado, relegado à saúde, ao homem saudável, ou ao capital humano, como escreveu Foucault (ver *supra*, p. 56). O cuidado pode, então, acabar sendo reduzido a essa racionalidade econômica englobante que cataloga as vidas desajustadas ou perigosas e preconiza a redução das atividades de cuidado a uma proteção dos sujeitos produtivos, permanentemente mobilizáveis e aptos a aceitar e difundir um discurso que associa capital humano e bem-estar, moral da culpabilização individual e retorno a uma ordem social homogênea. Nessa perspectiva, como ressalta Wendy Brown, o sujeito livre é aquele que assume a responsabilidade das consequências de sua escolha, um sujeito plenamente convencido por um individualismo contemporâneo em que cada um elabora por si mesmo seus próprios lemas de motivação e de sucesso. O sujeito neoliberal faz as suas próprias escolhas de forma estratégica em meio às diferentes opções sociais, políticas e econômicas, em um mundo homogeneizado por valores conservadores que a elite define como normas, sem, contudo, aplicá-los. Se na verdade existe um "cuidar" neoliberal, ele só concerne ao próprio eu ou a alguém que esteja ligado a esse eu. De forma alguma pode se tornar um "cuidar" dos outros.

Por que a leitura do neoliberalismo feita por Wendy Brown é essencial para compreender o projeto de uma ética do cuidado? Simplesmente porque o construtivismo neoliberal concerne ao cuidado – função humana altamente estratégica para a racionalidade econômica e política atual, uma vez que é reorientada para uma relação consigo mesma, privilegiada enquanto fabricante de capital humano, de pequenos empreendedores de si. Em contrapartida, assim que o cuidado reata com um espírito coletivo, quando toma a forma de uma atenção desinteressada em relação aos outros ou de ação em favor de um outro vulnerável, ele perde sua visibilidade já que não corresponde ao espírito do capitalismo atual. A ética do cuidado, assim como as políticas que ela poderia implementar, é então remetida para as margens do real, condenada à impotência, naturalizada como questão tipicamente feminina ou confiada aos pobres, aos migrantes, àquelas e àqueles sem poder e explorados em silêncio. Pertence a uma concepção do viver junto que promove uma moral não mercantil, apresentada como obsoleta e desresponsabilizante para os indivíduos. Torna-se mais interessante fazer convergir a racionalidade neoliberal com a racionalidade conservadora, aliança certamente heterogênea, mas que apresenta a imensa vantagem de revestir um neoliberalismo amoral de preceitos morais coercitivos, capazes de passar uma vaga imagem de dedicação, de patriotismo e de honestidade, porém de forma tão rígida que a adesão acaba sendo minoritária ou superficial. O neoconservadorismo vale paradoxalmente como uma moral mínima, que excita muito menos os desejos do que a imagem do cidadão empreendedor e consumidor. Mantém o poder de sedução do neoliberalismo oferecendo a este uma moral que não coloca em questão a desigualdade fundamental dos destinos humanos, a vocação desde então não democrática da sociedade.

Promover uma ética do "cuidar" supõe que se tenha efetuado o diagnóstico implacável do presente globalizado, que se constitui por meio do conluio entre a economia e a moral, em nome de um medo fundamental em relação a qualquer tipo de igualitarismo.

Atualmente existe uma crise do cuidado paralela à crise do capitalismo: o "cuidar" pode participar totalmente de uma sociedade estruturada pela referência ao indivíduo empreendedor. Ele

## CAPÍTULO III – POR UMA DEMOCRACIA SENSÍVEL

é a condição invisível, mas necessária, do mercado de trabalho. A entrada de alguns na competição econômica só é possível porque outros asseguram tudo o que se refere ao cuidado em uma sociedade: educação das crianças, cuidados corporais das pessoas dependentes, trabalho e voluntariado social. Isso tende, então, a instaurar um centro e uma periferia, uma fratura entre o mundo valorizado dos sujeitos altamente produtivos e o mundo marginalizado dos doadores e recebedores de cuidado em que, sob a categoria da vulnerabilidade, as fronteiras de gênero se misturam com as fronteiras sociais. De acordo com Joan Tronto, são as pessoas menos abastadas da sociedade que fornecem os cuidados, sobretudo as tarefas corporais. Essas categorias são, assim, arroladas como subalternas, deixando escapar a centralidade do "cuidar" e do "receber o cuidado". Entretanto, em um mundo interdependente, sem o cuidado de uns/umas, acaba a performatividade dos outros. Ao mesmo tempo, o cuidado é estruturado por relações de dominação que fazem com que Tronto qualifique sob o mesmo termo os doadores e recebedores de cuidado: o termo *outsiders*. Excluídos de todas as decisões importantes, os *outsiders* constituem um grupo social represado que deve se haver com os poderosos e, então, chegar a uma compreensão de si mesmo que seja conforme aos termos e aos valores dos detentores do poder.[76] A possibilidade de ignorar o "cuidar" concerne, portanto, a uma forma de privilégio, a da "irresponsabilidade dos privilegiados".[77]

Existem, no mundo liberal, dois circuitos do "cuidar": um circuito informal no qual o cuidado é tratado internamente como meio privado de permanecer na vida social, geralmente às expensas das mulheres; um circuito externo em que o cuidado

---

76 TRONTO, Joan. *Un monde vulnérable*. Paris: La Découverte, 2009, p. 130.

77 TRONTO, Joan. *Un monde vulnérable*. Paris: La Découverte, 2009, p. 166.

é externalizado ou operado por profissionais que vêm de um outro lugar, frequentemente mal remunerados. Nos dois casos, esse cuidado é majoritariamente exercido pelas mulheres, mas não por todas as mulheres. Existem inicialmente as mulheres com duas funções, a doméstica e a econômica. Existem também mulheres profissionais do cuidado. Existem, enfim, as mulheres que têm a capacidade de delegar as tarefas referentes ao cuidado a outros, em geral, outras mulheres. Mas as práticas específicas de cuidado, sobretudo as tarefas corporais de cuidado, são também atribuídas aos migrantes, às classes de trabalhadores pobres. O cuidado para Gilligan é objeto de uma divisão de acordo com o gênero; essa divisão concerne também à raça e à classe social segundo Tronto.[78]

Por meio dessa crítica social do cuidado, o próprio sentido a ser dado à ética do cuidado se mostra fundamental. Como se deve considerar o universo do "cuidar"? Devemos pensar o cuidado como um modelo de sociedade crítica em relação à atual política mundial construída sob a égide de uma racionalidade mercantil totalizante, que atravessa todos os campos, como a economia, a política, o social e até mesmo a intimidade? A questão é, então, a de imaginar transformações profundas, uma outra organização das relações sociais, uma concepção do trabalho mais preocupada com as necessidades e a realização dos indivíduos. Ou, ao contrário, será que o cuidado só teria valor enquanto uma razão humanitária que visa proteger o mundo, por meio do aperfeiçoamento das práticas em relação a pessoas muito vulneráveis, tanto nas instituições quanto em espaços informais como a família e os grupos mais próximos? Na verdade, é o lugar de uma economia baseada nos serviços pessoais e o valor conferido à solidariedade que precisam

---

78 Ver também ZIMMERMAN, Mary; LITT, Jackie; BOSE, Chris (Coord.). *Global dimensions of gender and carework* [*Aspectos globais sobre o gênero e o trabalho do cuidado*]. Stanford: Stanford University Press, 2006.

## CAPÍTULO III – POR UMA DEMOCRACIA SENSÍVEL

ser ampliados, com novos empregos e uma reorientação das políticas públicas.

Os escritos sobre o cuidado apresentam uma tensão quanto a essas duas possibilidades, uma radical, outra moderada. Bem evidentemente, a primeira possibilidade faz mais justiça à necessidade de fazer com que as práticas de cuidado sejam reconhecidas, de colocar o cuidado com os mais vulneráveis como um direito e um dever e de romper com uma separação sexuada das atividades.

Pensar o "cuidar" dessa maneira equivale a afirmar que ele não reside somente em uma relação diádica, por meio da qual uma atividade é realizada em um estado afetivo específico quanto à capacidade de se preocupar com os outros. O cuidado não poderia ser reduzido a relações entre indivíduos, deixando, então, de lado a questão da responsabilidade coletiva e das instituições que o disponibilizam. Se existem efetivamente usos do cuidado, eles devem ser apreciados no âmbito de uma filosofia preocupada com a sociedade e com suas transformações, com uma mudança particularista da filosofia moral, compreendida como uma recomendação em direção a uma sociedade construída por diferenças. A teoria do cuidado não poderia se reduzir a atitudes, a uma solicitude ou a uma preocupação com os outros que definiria um teor normativo dos comportamentos. Ela não concerne somente à análise de um fazer individual determinado por relações assimétricas, mas deve imperativamente ser analisada pela referência ao trabalho, a profissões relativas ao cuidado no sentido amplo, o que supõe que se aborde a questão das competências e de uma economia do cuidado. Isso implica também o interesse pelas negociações familiares e pelo papel das mulheres nesse espaço normalmente considerado como privado e naturalizado, por oposição às relações do espaço público, construídas em torno de indivíduos considerados emancipados.

Enquanto categoria descritiva, o cuidado faz, ao mesmo tempo, referência ao trabalho repetido, cotidiano, de cuidado das crianças ou dos adultos dependentes, aos serviços de ajuda à pessoa e ao que diz respeito à proteção social no Estado-Providência. Concerne ao mesmo tempo a práticas, a estruturas mais ou menos institucionais que as tornam possíveis, e às políticas públicas. Para conciliar esses diferentes aspectos, Jane Lewis propõe a seguinte menção ao cuidado: ele reúne "as atividades que visam a satisfazer as necessidades físicas e emocionais das crianças e dos adultos dependentes" e "os quadros normativos, institucionais e sociais em que elas se inserem, assim como os custos associados à sua realização".[79] É necessário mostrar todas as facetas do cuidado, a riqueza de sua noção e todos os desafios que comporta: a conciliação trabalho-família, o tratamento da dependência, os diversos dispositivos de proteção social, o poder expresso nas relações de gênero, com suas modernas formas de patriarcado, a questão dos custos diretos e indiretos. Aliás, o alcance social e político do cuidado é ainda maior em sociedades que exigem cada vez mais autonomia por parte dos sujeitos, quando os riscos de vida, riscos sociais e ambientais nos mostram cada vez mais indivíduos em uma situação de perda brutal da autonomia, para quem o "cuidar" funciona como um meio de restaurar o poder de agir, de promover outras formas de vida ou, ao menos, de manter condições de vida decentes. O cuidado também tem um papel de conceito-chave nas novas separações entre o público e o privado, visto que permite colocar em causa a organização histórica das esferas doméstica e produtiva que conferiu às práticas de cuidado um gênero sexuado bem específico.

---

79 LEWIS, Jane. *Gender, social care and Welfare State restructuring in Europe* [*Gênero, assistência social e reestruturação do Estado de bem--estar social na Europa*]. Aldershot: Ashgate, 1998, p. 10.

Quando o cuidado é considerado como assunto das mulheres, é constantemente associado à esfera privada, à afetividade e à proximidade; naturalizado dessa forma, seu reconhecimento como trabalho se torna difícil. Ora, os modos de vida atuais ocasionam uma crise nesse antigo modelo e em toda a ideologia que o acompanha. Na verdade, o desenvolvimento crescente e persistente da atividade professional das mulheres acaba dificultando a sua tradicional disponibilidade para o cuidado. Assim, em um mundo em que a demanda de cuidado se torna cada vez maior – não fosse somente por causa do trabalho das mulheres, do envelhecimento da população ou da má gestão do Estado-Providência –, como organizar o cuidado quando parece cada vez mais insustentável considerá-lo como um conjunto de práticas de gênero confiadas em parte ao espaço privado ou às esferas informais da sociedade?

## 3.2 A abordagem familiar do cuidado

Se a questão do "cuidar" é na verdade uma questão social, ela só pode sê-lo sob a condição de reconhecer seu laço com a esfera das relações consideradas privadas, construídas em nossas sociedades a partir de uma separação entre sociedade civil e sociedade doméstica, a partir de um "contrato sexual" recalcado segundo a expressão muito acertada de Carole Pateman.[80] Em outros termos: ao longo da história, foram elaboradas fronteiras que passam erroneamente como intangíveis entre os mundos familiar e profissional. Não somente essas fronteiras submetem as mulheres aos homens pela referência à diferença sexual, mas permitem com que os homens escolham para si mesmos um percurso de vida, um trajeto e uma esperança, ao passo que as

---

80 Na tradução francesa: PATEMAN, Carole. *Le contrat sexuel* [*O contrato sexual*]. Paris: La Découverte, 2010.

mulheres não têm outra escolha a não ser a de preservar uma ordem doméstica que lhes foi imposta.

Frequentemente, a vida das mulheres ainda se desenvolve dentro da estrutura social de base que é a família, espaço de cooperação por meio do qual os indivíduos constroem juntos uma vida ou uma linhagem comum, mantêm um nome ou uma história. Geralmente, a família é o lugar dos conflitos, já que no espaço familiar se precisa compartilhar os recursos, afirmar-se a si mesmo, fazer valer seus direitos, ser amado. É uma forma de sociedade sob tensão no interior de um espaço específico que faz com que coexistam um estatuto jurídico e o dever de os pais cuidarem de seus filhos, de amá-los e de conduzi-los à sua autorrealização.

1. **O cuidado parental: *care* e *concern*.** No espaço familiar pensado nesses moldes, o cuidado se estabelece a partir do vínculo, primeira entrada em um "cuidar" socializado.

A relação com o mundo do recém-nascido coloca os seus próximos do lado do cuidado, pois o bebê só pode se desenvolver dentro de um sistema afetivo em que aquele ou aquela que cuida seja o centro de gravidade. Podemos citar Winnicott que defende a tese do vínculo do bebê aos cuidados que lhe são fornecidos; o vínculo é uma necessidade primária, um processo de proteção mais ou menos bem-sucedido, pelo qual um ser muito vulnerável consegue se desenvolver. A preocupação com a vulnerabilidade e a possibilidade de um cuidado apropriado constituem o espaço familiar. O que torna interessante a análise do vínculo é o fato de se salientar o poder constitutivo do entorno imediato na elaboração da identidade e a grande vulnerabilidade da criança a quem se deve dar a maior afeição possível. A criança se vê na atitude amorosa de seus pais, que pode, aliás, conforme as circunstâncias, ser uma atitude de ódio.

O vínculo se inicia em uma experiência de indistinção ou de não separação do eu que faz com que a possibilidade do

## CAPÍTULO III – POR UMA DEMOCRACIA SENSÍVEL

desenvolvimento se baseie na dependência absoluta daquele que é cuidado em relação aos cuidadores. A gênese do eu se baseia na interdependência, na não diferenciação e na valorização de um outro que ama e protege. É bom para o desenvolvimento humano que o outro seja assim. Certamente, o outro pode ser violento ou indiferente. O vínculo pode, então, se reverter e comprometer o desenvolvimento daquele a quem se deve atenção e cuidado.

Toda identidade começa a se elaborar no espaço de um cuidado que é frequentemente um espaço familiar (atualmente heteroparental, homoparental ou monoparental). No início de sua vida, a criança se experimenta adotando o eu de seus pais ao qual ela se identifica por meio do cuidado.[81] A relação de amor que se estabelece – ou não, os pais podem ser incapazes de tomar conta, podem ser violentos, indiferentes, opressores etc. – revela-se essencial na medida em que, segundo Winnicott, deve se prolongar em um cuidado mais complexo que ele nomeia de *concern*, termo traduzido por solicitude. O que seria, então, o cuidado como *concern*, tipo de modelo do cuidado parental, já que preconiza a possibilidade da constituição de um eu separado para a criança e de um senso de responsabilidade para os pais? Assim, "a solicitude exprime o fato de que o indivíduo se sente concernido, implicado e que, ao mesmo tempo, experimenta e aceita uma responsabilidade".[82] O cuidar não poderia ser concebido sem a dimensão do interesse ou da preocupação, implicados na prova de responsabilidade; aceitar o fato de se sentir responsável por uma outra vida é conceber a relação de cuidado por meio de todas as suas consequências,

---

81 Ver, na tradução francesa: WINNICOTT, Donald W. *Jeu et réalité* [*Jogo e realidade*]. Paris: Gallimard, 1975, p. 27. ("Folio essais").

82 WINNICOTT, Donald W. "élaboration de la capacité de sollicitude" ["Elaboração da capacidade de solicitude"]. *Conferência feita na Société Psychanalytique de Topeka*, 12 out. 1962.

particularmente a possibilidade para um ser absolutamente dependente de ganhar em independência. O bebê se torna uma unidade constituída, cada vez mais consciente do seu entorno. A estruturação de um eu suficientemente complexo se faz por meio do cuidado enquanto *concern*, ou ainda, pela elaboração da capacidade de solicitude que está em jogo no laço parental. Graças ao cuidado que lhe é fornecido, a pequena criança é capaz de viver "uma relação entre três pessoas".

**2. O espaço codificado do amor parental.** O cuidado como vínculo, e mais ainda como *concern*, possibilita que se compreenda muito bem a ligação entre cuidado e amor no âmbito de uma relação bastante assimétrica. Essa relação, entretanto, pode conduzir a uma espécie de reciprocidade por meio da capacidade de solicitude, verdadeira atenção em relação ao desenvolvimento do humano vulnerável, considerado como aquele que pode ter acesso à palavra, à independência. Assim, ele se torna um ser livre para responder ou não ao cuidado que lhe é atribuído. A constituição de um eu por meio do cuidado permite a expressão de uma liberdade, que pode consistir na recusa de ser cuidado ou na ambivalência em relação a ele.

Ora, a relação pais/filhos se desenvolve em um espaço familiar socialmente construído como espaço privado e doméstico, geralmente confiado às mulheres. Como o laço de amor entre pais e filhos poderia escapar às regras sociais do ambiente em que se desenvolve e que se baseiam no modelo conjugal da família? Bem sabemos, principalmente desde *La volonté de savoir* [*A vontade de saber*], de Michel Foucault, que a hipótese da repressão sexual que se amalgamou com a ordem burguesa deve sempre ser recolocada em uma economia geral dos discursos sobre o sexo, na base das sociedades modernas desde o século XVII. Toda sexualidade é construída, tomada em uma cultura que é uma tessitura de normas a serviço de uma necessidade de conhecer e de disciplinar a humanidade. Assim, a heterossexualidade não é mais natural do que as outras sexualidades; faz parte de um dispositivo teórico que visa elaborar uma verdade, uma diferença entre o normal e o patológico. A prescrição de uma verdade sobre o sexo, o controle das vidas íntimas e a vontade de saber o que os humanos fazem de sua sexualidade tiveram o seu papel, sobretudo na emergência de uma nova forma de relação entre os sistemas de aliança e de sexualidade nos países ocidentais industrializados, a partir do século XVIII.[83] A família se tornou a base de um sistema social que transferiu a lei e a dimensão do jurídico para o dispositivo da sexualidade, misturando, assim, a economia do prazer e as alianças previstas pela lei, como o casamento.

Nessa perspectiva, o contrato sexual, que estabelece o assujeitamento das mulheres aos homens por meio da obrigação feminina de ocupar o espaço privado, é um elemento essencial; a separação sexual vale como um compromisso entre duas partes da humanidade que não são mais iguais. Determina para as mulheres um papel situado do lado do cuidado, da educação e da preocupação com os outros. As teses de Carole Pateman, que analisam as teorias do contrato civil na filosofia moderna, são particularmente esclarecedoras no sentido de mostrar o papel problemático das mulheres nesses dispositivos jurídicos e políticos. Pateman mostra, sobretudo, que as teorias do contrato, caracterizadas por um pacto original pelo qual os indivíduos saem do estado de natureza para fundar uma ordem política justa, não dizem nada sobre as mulheres. Esse grande silêncio é como um recalcamento do que está por detrás do contrato civil, a saber, o contrato sexual. A diferença sexual está no cerne dessas teorias. Se o contrato pode ser considerado como o modelo do acordo livre, esse acordo só pode ser cumprido por homens, uma vez que as mulheres, então, não

---

83  FOUCAULT, Michel. *La volonté de savoir*. Paris: Gallimard, 1976.

nascem livres, mas submissas aos homens. Segundo Pateman, ao mesmo tempo que a teoria do contrato social clássica trazia a possibilidade de uma subversão, a da liberdade do humano sem qualidades, ela resultou em uma justificação da sujeição sexuada que, entretanto, fez passar por liberdade: "longe de destruir a subordinação, ao contrário, os teóricos do contrato justificavam a sujeição civil moderna".[84] As convenções que fundam o direito político não se referem aos dois sexos da mesma maneira. Somente os homens possuem os atributos de homens livres e iguais, e muitos teóricos do contrato sustentam ao mesmo tempo que o direito dos homens sobre as mulheres tem um fundamento natural. Esse contrato sexual de sujeição é ao mesmo tempo sutilmente mascarado: "o fato de que os 'indivíduos' são todos do mesmo sexo nunca é mencionado; ao invés disso, a atenção se concentra nas diferentes concepções do 'indivíduo' masculino".[85]

O que materializa essa ausência de liberdade das mulheres é a distinção radical instaurada entre a esfera privada e a esfera pública, a primeira sendo declarada como não pertinente do ponto de vista da liberdade política. A família toma, então, a forma do modelo conjugal, fundado sobre os laços expressos pelo contrato de casamento. De um lado, trata-se de sobrepor funções de produção, de procriação, de consumo e de residência. Do outro, é preciso materializar a atribuição das mulheres a uma esfera doméstica muito codificada: mobilidade espacial reduzida das mulheres, pouca circulação entre a esfera privada e a esfera pública para essas mulheres, uma independência impossível e atividades dentro de um espaço destinado à invisibilidade social, ao segredo e ao respeito da liberdade civil dos homens. O contrato de casamento é um tipo

---

84 PATEMAN, Carole. *Le contrat sexuel*. Paris: La Découverte, 2010, p. 70.
85 PATEMAN, Carole. *Le contrat sexuel*. Paris: La Découverte, 2010, p. 71.

de contrato de trabalho que transforma a esposa em dona de casa e provedora de cuidados, sem que, para tanto, receba um salário em troca de seu trabalho.

Segundo Carole Pateman, existe na verdade um patriarcado moderno que não se baseia mais no fato natural da dependência à ordem dos pais, nem na referência a um poder dos pais que se pode remontar à Bíblia, à narrativa do livro de Gênesis feita em nome do "pai". O patriarcado moderno não tem mais sua origem na potência procriadora do pai: ele é convencional e sustentado por uma ordem do contrato na qual o contrato civil esconde um outro contrato, o contrato sexual recalcado, mas tornado operante por uma concepção da família que separa as esferas privada e pública de forma irredutível. Esse contrato sexual é, aliás, encoberto pela fabricação de uma "família sentimental" em que, segundo Susan Moller Okin, a solicitude das mulheres funciona como uma nova racionalização da subordinação das mulheres na obra de filósofos como Hobbes, Locke ou Kant.[86]

Podemos acrescentar que, nessa divisão, o cuidado se associa ao mundo doméstico organizado pela sujeição da esposa, sujeição que é obtida contratualmente em torno de práticas que configuram uma atividade real a serviço do chefe de família, sem que essa atividade seja remunerada para tanto. A condição de esposa passa por tarefas essenciais dentre as quais estão as que concernem à preocupação com os outros ou à solicitude discreta, mas esperada. Esses aspectos coexistem totalmente com as tarefas da casa (limpar, fazer as compras, lavar a roupa etc.). É fato que o lugar das mulheres mudou muito em um grande número de países, graças à sua entrada massiva no mundo do trabalho e ao acesso aos mesmos estudos que os homens, o que implica mais igualdade de chances

---

86 OKIN, Susan Moller. "Women and the making of the sentimental family" ["Mulheres e a construção da família afetuosa"]. *Philosophy and Public Affairs*, Princeton, vol. 11, 1981.

entre mulheres e homens. Porém, a igualdade das posições nem sempre ocorre, uma vez que os preconceitos e as relações de dominação persistem no que concerne à designação das mulheres ao espaço privado – e também porque elas são levadas a assumir certos papéis e se culpabilizam quando não os mantêm. Assim, uma abordagem feminista da família, tal como é desenvolvida por Susan Moller Okin em *Justice, genre, famille* [*Justiça, gênero, família*], consiste em dar uma atenção específica a uma definição democrática da família, o que supõe que se providenciem os meios políticos de repartir o poder nesse espaço que conjuga afeição e autoridade. Um futuro justo consistiria em deixar registrada a vulnerabilidade das mulheres e das crianças, resultante da história patriarcal da família heterossexual; existe uma responsabilidade coletiva no sentido de proteger e de não favorecer a vulnerabilidade assimétrica das relações. Além disso, introduzir a questão da justiça no âmbito da família equivale a desatrelar seu funcionamento da questão do gênero, tornando efetiva

> uma melhor distribuição do trabalho naturalmente produtivo e do trabalho não diretamente rentável por si só, como, por exemplo, o trabalho doméstico. Devemos trabalhar por um horizonte futuro que ofereça a cada um a liberdade de escolher um ou outro desses modos de vida.[87]

A liberdade humana, seja a do homem ou a da mulher, reside no fato de livremente se poder tomar parte de todas as esferas da vida. Atualmente, o fato de alguém exercer grandes

---

87 Na tradução francesa: OKIN, Susan Moller. *Justice, genre et famille* [*Justiça, gênero e família*]. Paris: Flammarion, 2008, p. 369 ("Champs essais").

## CAPÍTULO III – POR UMA DEMOCRACIA SENSÍVEL

responsabilidades na sociedade normalmente o impede de se consagrar à educação de uma criança.

Como se poderia repartir melhor os encargos familiares normalmente atribuídos às mulheres? Como organizar uma participação de cada um em relação às tarefas de cuidado, uma vez que o trabalho produtivo frequentemente impede a pessoa de se realizar na esfera privada? A efetivação de um mundo da partilha das esferas de vida exige a transformação de múltiplas instituições e políticas públicas de grande incitação a esses novos modos de vida. A ética do cuidado, nesse ponto, é de grande ajuda pois preconiza que se considere o espaço informal do cuidado como um espaço que é preciso formalizar e tornar convencional, de acordo com outros modelos além daquele do contrato sexual. Em outros termos, como escreve Joan Tronto, trata-se de deslocar as fronteiras da moral e da política, o que significa, por um lado, considerar o cuidado como uma ética (a dos sentimentos e das situações direcionadas aos outros), mais do que uma moral das regras e dos princípios *a priori*. Significa, por outro lado, considerar de outra forma o público e o privado, fazer surgir o que existe de político no privado, que normalmente é escondido ou recalcado em nome de mecanismos de dominação do masculino sobre o feminino. Em síntese, o privado é atravessado pelo político, pela convenção e pelo contrato a serviço de uma definição limitada da liberdade cidadã, posto que esta foi constituída no contrato clássico sem as mulheres, os escravizados e os domésticos. Em outros termos, o privado não deve ser confundido com o íntimo, sendo que este pode ser compreendido como o conjunto dos laços que um indivíduo decide retirar do espaço social para, livremente, preservar e elaborar sua experiência longe dos olhares dos outros. Se o íntimo é esse ato pelo qual se subtrai uma parte de si mesmo e de suas relações do campo da visibilidade comum, somente indivíduos livres no contrato sexual podem de fato experimentar a intimidade.

O cuidado coloca questões sobre o que é íntimo porque toca em relações em que a vulnerabilidade extrema de uns obriga os outros a penetrar mais ou menos no que constitui os primeiros de forma singular, mas também porque ele é o lugar de uma confusão entre íntimo e privado, por causa da designação histórica das mulheres para o lugar do cuidado. A ética do cuidado é feminista pois denuncia as mistificações do contrato feito em sociedade e uma cultura pública a serviço da produtividade dos homens: é preciso pensar uma interdependência do cuidado e da esfera produtiva, mudar as regras de um capitalismo que explora tudo o que diz respeito ao cuidado, em nome de um contrato social recalcado, mas operante. Também é preciso não limitar a definição da família ao seu modelo heterossexual. Insistir sobre o dever familiar de "cuidar" é algo que se deve poder fazer fora da referência ao gênero, pela apropriação do que Winnicott chama de *concern*, e que designa uma "responsabilidade de amar" por parte do ou dos pais.

### 3.3 As práticas de cuidado

O "cuidar" não concerne somente a essa estrutura social de base que é a família. Ele concerne tanto a atividades profissionais remuneradas quanto ao trabalho voluntário em associações, organizações humanitárias, grupos de bairros etc. A ética do cuidado se vincula a uma análise dessas práticas de cuidado e demonstra um grande interesse em sua profissionalização.

Além disso, parece-nos que defender o reconhecimento coletivo de tudo que comporta uma preocupação com os outros só pode ser feito em nome de uma concepção do viver junto, de uma visão das idades da vida, de um questionamento sobre o

## CAPÍTULO III – POR UMA DEMOCRACIA SENSÍVEL

lugar da dependência e de uma reflexão sobre a vulnerabilidade. Ainda que, ao mesmo tempo, a globalização neoliberal esqueça essas questões em nome de uma mercantilização estendida ao ser humano, aos corpos e aos espíritos, em nome também de uma compreensão simplista da autonomia encoberta pela *performance* individual e de uma definição das políticas públicas cujas palavras mestras são a gestão contábil e o estímulo à concorrência.

De acordo com o que diz Virginia Held em *The Ethics of care*, é urgente questionar a expansão do neoliberalismo por meio da extensão do mercado ligado aos serviços pessoais, concebido de forma frenética como uma privatização padronizada dos serviços públicos:

> nos Estados Unidos da América, cada vez mais atividades que tínhamos o costume de considerar como serviços públicos são privatizadas e mercantilizadas. A saúde, a educação e a administração das prisões estão cada vez mais nas mãos de grupos com fins lucrativos.[88]

Para a ética do cuidado, a transformação da sociedade supõe ao mesmo tempo uma luta política feminista e uma crítica social da economia globalizante do mercado. De um lado, a questão é a de preconizar a emancipação das mulheres, o que supõe que se deem os meios necessários para liberá-las da atribuição quase exclusiva das tarefas ligadas ao cuidado. De outro, é preciso recomeçar a partir das relações assimétricas, fonte de assujeitamentos que nem sempre se mostram como tal. É preciso propiciar os meios de transformá-las, reelaborando a noção de "proteção" sem que com isso se sufoque a capacidade

---

88 HELD, Virginia. *The Ethics of Care*. Oxford: Oxford University Press, 2005, p. 107.

de agir da pessoa protegida. Essas duas possibilidades podem ser exploradas por meio de uma reflexão sobre a delegação das tarefas e sobre as profissões ligadas ao cuidado em sentido amplo, quando são confrontadas com o tratamento das grandes dependências, o que implica uma atenção às relações de cuidado (*to care*) e não somente uma irrupção do medical como poder de curar (*to cure*). As teorias do cuidado podem ser pensadas em dois níveis: como um conjunto particular de doutrinas – as éticas do cuidado –, mas também como agenciamentos práticos particulares, modos de gestão. Este é o segundo ponto que agora gostaria de desenvolver.

**1. O lugar do cuidado e o ideal de uma sociedade da igualdade entre os sexos.** As práticas de cuidado e de educação das crianças ocupam um lugar estratégico na questão referente à igualdade entre as mulheres e os homens. Sabemos que a chegada massiva das mulheres no mercado de trabalho nos anos 1970, acompanhada das reivindicações feministas como "para um trabalho igual, salário igual", não levou a uma equiparação dessas diferenças devidas ao gênero. Ainda nos dias de hoje, as mulheres, em sua maioria, carregam sozinhas o peso do que se nomeia como "dupla jornada"; desenvolveram estratégias de vida que lhes permitem articular o trabalho e a responsabilidade pelos seres dependentes da família, principalmente as crianças; o desenvolvimento do meio período tem muita relação com as tentativas de conciliação entre esses objetivos. Como escrevem Dominique Méda e Hélène Périvier,

> o funcionamento tradicional de uma sociedade fundada sobre o modelo do homem provedor de recursos e da mulher provedora de tempo não foi revisto nem reformado a ponto de poder se aplicar a trabalhadores mulheres e homens, sujeitos às tarefas familiares e, portanto, à necessidade de tempo. A questão do tempo de trabalho, e mais globalmente a do tempo social, deveria

## CAPÍTULO III – POR UMA DEMOCRACIA SENSÍVEL

ter sido objeto, inclusive para os homens, de um amplo debate que nunca aconteceu.[89]

Apesar da maior presença das mulheres no mercado de trabalho, os homens pouco se engajam na divisão das tarefas domésticas e familiares. Ainda que novas atitudes paternas apareçam, sobretudo no cuidado com as crianças, seres dependentes, os "novos pais" continuam em menor número porque a atribuição da esfera doméstica e familiar às mulheres continua muito ancorada na mentalidade dos hábitos de vida. Relançar a questão da igualdade dos sexos em nome de um imperativo de justiça passa por uma reflexão acerca da divisão das tarefas ligadas ao cuidado.

Em nossas sociedades, a preocupação com os outros dependentes é ainda majoritariamente uma questão das mulheres. Em outras culturas, a designação das mulheres para o cuidado é ainda mais radical, imposta por uma ordem política e social que as considera como seres menores. Refletir sobre as práticas de cuidado é não somente desmontar os mecanismos de poder que fizeram delas um assunto feminino e, portanto, de pouca importância social, mas também propor políticas mais igualitárias em matéria de cuidado. Assim, a referência a práticas de cuidado não atribuídas ao gênero pode servir para conclamar, como fazem Méda e Périvier, para uma "profunda reorganização econômica e social".

A esfera do cuidado e o tempo familiar deveriam sustentar condutas sociais equivalentes por parte das mulheres e dos homens. Ora, são majoritariamente as mulheres que trabalham meio período para poderem assumir uma vida familiar

---

89 MEDA, Dominique; PERIVIER, Hélène. *Le deuxième âge de l'émancipation des femmes* [*A segunda era da emancipação das mulheres*]. Paris: Le Seuil, 2007.

bastante pesada, são elas que recebem o vale-educação que frequentemente conduz a uma inatividade induzida etc.

Essa crítica social do cuidado da primeira infância tem o valor de funcionar como o projeto de um feminismo cotidiano que nos lembra de que, no cerne de nossas sociedades democráticas, grandes desigualdades persistem entre os homens e as mulheres, entre os lares abastados e os modestos, entre as famílias monoparentais e as outras. As tarefas relativas ao cuidado estão no centro dessas desigualdades. A atividade de cuidado ou o tratamento da dependência sem os quais uma sociedade não é viável são sempre confiados a certas camadas da população mais vulneráveis que as outras e, em geral, a mulheres. Essas mulheres são pauperizadas por salários muito baixos, são donas de casa que vivem um desemprego forçado e invisível nas estatísticas; quando são imigrantes clandestinas, não conseguem um estatuto social por causa da ausência de contrato de trabalho legal e são exploradas por famílias que lhes confiam as tarefas domésticas e familiares. Precarizadas, sem atividade profissional estável, ou obrigadas a cuidar das crianças dos outros em detrimento das suas, essas mulheres têm, entretanto, um papel de regulação social. Sem elas, todo o sistema de tratamento da dependência desmorona!

Podemos, então, em nome de uma ética do cuidado, imaginar um modo de governança que valorize as práticas de cuidado e lhes permita ser tanto um assunto das mulheres quanto dos homens. Nancy Fraser esboçou um modelo político do cuidado conforme a essas exigências. Segundo ela, a ordem sexuada imposta pela era do capitalismo industrial desaparece; esta se caracterizava por uma família nuclear heterossexual sob a autoridade do homem que trazia para casa um salário, fruto de seu trabalho, de que todos os membros da família dependiam. Mudanças tão diversas quanto o desemprego ou a precariedade, as numerosas separações conjugais, o aumento do reconhecimento dos casais homossexuais e o trabalho das mulheres fizeram com que esse modelo implodisse, ao menos em um determinado número de países. Nos dias de hoje, experimentamos a morte desse velho modelo da ordem sexual industrial e entramos, segundo Fraser, em um capitalismo pós-industrial em que vários salários, diferentes formas de trabalho (integral, de meio período etc.) vêm compor uma ordem familiar menos homogênea e mais incerta. As velhas formas do Estado-Providência, expressas bem oficialmente depois da Segunda Guerra Mundial, que faziam com que a família sob a autoridade dos homens correspondesse à ideia de um trabalho para todos não conseguem mais fornecer as proteções sociais apropriadas, tão grande foi a mudança dos modos de vida e tão intensa foi a crise do trabalho. Atualmente, seria necessário estabelecer um Estado Social pós-industrial adaptado às novas condições do mundo do trabalho, aos novos modos de relacionamento amoroso e sexual, reafirmando ao mesmo tempo a importância da igualdade e a necessidade de uma proteção social dos indivíduos.

No âmbito da igualdade de gênero, Nancy Fraser propõe um novo modelo social e político do cuidado, ao conceituar novamente a divisão do trabalho que caracteriza as políticas comuns dos países capitalistas.[90] Identifica duas abordagens, a primeira baseada em um trabalho do cuidado profissionalizado, mas mal remunerado, confiado às instituições, e a segunda, baseada em um programa político que reconhece toda tarefa de cuidado como um verdadeiro trabalho e faz desse trabalho uma esfera separada ou autônoma. A primeira política faz do

---

90 FRASER, Nancy. "After the family wage: a postindustrial thought experiment" ["Depois do salário-família: uma experiência do pensamento pós-industrial"]. *In*: ZIMMERMAN, Mary; LITT, Jackie; BOSE, Chris (Coord.). *Global dimensions of gender and Carework*. Stanford: Stanford University Press, 2006.

cuidado um ganha-pão como qualquer outro; inclui ajudas sociais para delegar as tarefas de cuidado daquelas ou daqueles que já trabalham. Não coloca no centro de sua política uma diferença de gênero. No entanto, como, na verdade, os empregos ligados ao cuidado são frequentemente mal remunerados, eles são sobretudo ocupados por mulheres que, ao redor do mundo, constituem de longe a maioria dos trabalhadores pobres. A segunda política aprimora um programa de subsídios específicos aos doadores de cuidado para compensar o fato de eles cuidarem das crianças, das pessoas idosas, ou de diversas tarefas domésticas. Nessa ótica, um trabalho de meio período pode, por meio dos subsídios, valer como um trabalho de tempo integral por causa das atividades de cuidado que devem ser cumpridas. Em geral, essa divisão só concerne às mulheres. Os homens não dão um valor suficiente ao cuidado a ponto de imaginá-lo como uma parte de seu trabalho. Essas duas políticas do cuidado têm cada uma seu inconveniente: a primeira supõe um Estado distribuidor de dinheiro que, entretanto, situa o trabalho ligado ao cuidado na base da escala social – simples ganha-pão –, o que não faz senão reforçar as desigualdades de gênero, de classe e de etnia; a segunda valoriza o reconhecimento do cuidado, mas corre o risco de deixá-lo exclusivamente nas mãos das mulheres, de tal modo que, sem política de educação dos homens, as tarefas ligadas ao cuidado corram o risco de ficar para sempre como um assunto de mulheres. Podemos, então, imaginar, segundo Fraser, um terceiro modelo no qual seria privilegiada a ligação entre o fato de trabalhar e de dispensar cuidados. Nesse cenário, o lugar do trabalho deve se tornar menos central do que é em nossas sociedades não só para as mulheres, mas sobretudo para os homens, a fim de que cada uma e cada um possa consagrar um tempo para o cuidado: um cuidado integrado à vida de qualquer ser humano de alguma maneira. Trata-se de apresentar uma teoria crítica do cuidado e da divisão do trabalho capitalista para propor um modelo ideal de cuidado para o qual as políticas públicas deveriam tender.

Compartilhar o cuidado e o trabalho equivale a defender a tese de uma não separação das esferas de vida.

**2. O cuidado e o tratamento da grande dependência.** Outras disposições práticas sobre a questão do cuidado podem levar a outras formas de governança. Será que estamos satisfeitos com a maneira pela qual, em nossa sociedade, se faz o cuidado dos idosos dependentes, das pessoas com deficiência (inclusive intelectual), das pessoas afetadas por uma longa doença? Aliás, nos países europeus que estão envelhecendo, qual concepção de velhice assegurar e como "cuidar" das pessoas que estão no final de suas vidas, cujo estado de saúde necessita de cuidados permanentes? O tratamento das dependências coloca o problema da perda de autonomia e da impossibilidade de os indivíduos se manterem sem serem ajudados no dia a dia. Incita, além disso, a sermos mais atentos a relações muito assimétricas por meio das quais formas de dominação ou de paternalismo podem facilmente se desenvolver. É certo que a idade avançada e a deficiência permitem que se reflita sobre um certo número de situações de dependência frequentemente irreversíveis; interessar-se pela dependência supõe que ela seja colocada no centro da ação política para que consigamos nos distanciar das concepções fictícias ou heroicas de independência e para promover novas ideias sobre a autonomia mais ligadas à diversidade da sociedade e à possibilidade de reconhecer que pessoas dependentes instauram um outro mundo.

Em *Love's labor*, Eva Feder Kittay resolve basear sua reflexão sobre o cuidado fazendo uma narrativa de sua relação com sua filha Sesha, atingida por uma deficiência intelectual grave descoberta quando tinha alguns meses e os pais pensavam estar cuidando de um bebê como os outros. Kittay evoca o que se instala em tal situação de provação, a descoberta da diferença e da deficiência de uma criança até então considerada como normal. Explica como o pai de Sesha e ela mesma optaram por manter a filha em sua casa e não em uma instituição, tendo, entretanto, toda uma organização ao redor de Sesha, particularmente o recrutamento de uma ajudante em domicílio que ainda continuava a cuidar dela até quase completar trinta anos. Essa referência autobiográfica, bastante tocante no livro de Kittay, serve para defender a ideia de que, com Sesha, é preciso começar por encarar a performatividade específica dessa criança de um modo particular – o que ela pode fazer, o que ela oferece em termos de afetividade, como ela se interessa pelo canto ou pela música – ao invés de se ater ao que ela não consegue fazer, às formas da vida intelectual e social que nunca poderá praticar. É somente levando em conta as suas capacidades que a questão de seu *handicap* deve ser abordada. As relações cuidador/cuidado (quer passem pelas relações pais/filhos ou quer sejam profissionais, em domicílio ou em uma instituição) devem ser estruturadas em torno da ideia de que "cuidar" ou acompanhar seres muito dependentes supõe uma atitude ética: favorecer os mais desfavorecidos significa considerar a dignidade de seu ser, sua capacidade de viver e de instituir mundos que fazem eco ao nosso, porém desenvolvendo outras regras.

Para a ética do cuidado, o princípio da diferença funciona inicialmente como um reconhecimento das singularidades dos seres vivos, em contraposição a qualquer homogeneização ou idealização dos indivíduos em sociedade, supostamente capazes de preencher plenamente todas as exigências da vida adulta, tanto no campo social quanto político. Ser um dispensador de cuidado, no âmbito do tratamento da grande dependência, supõe o colocar-se ao alcance daquelas e daqueles de que se toma conta e evitar qualquer posição excessiva; é preciso introduzir

CAPÍTULO III – POR UMA DEMOCRACIA SENSÍVEL

a horizontalidade nas relações, que sempre correm o risco de serem essencialmente verticais se não se está suficientemente atento às necessidades dos sujeitos particularmente vulneráveis. Se "cuidar" vem a ser se colocar ao alcance das capacidades de um ser com alguma necessidade especial, é também poder desenvolver capacidades para fornecer o cuidado. Ora, dessa forma, para poder fornecer o cuidado, é preciso construir relações de cuidado interpessoais, dar o tempo para que se constituam relações satisfatórias, trabalhar com a possibilidade de reconhecer percursos de vida todos eles diferentes, que podem ser narrados e podem se desenvolver dentro de uma certa continuidade. Além disso, esse tratamento da dependência supõe o que Serge Guérin chama de uma "dinâmica do acompanhamento solidário"[91] ou a possibilidade de um viver junto por meio do qual as políticas públicas sejam implantadas a partir de iniciativas provenientes da sociedade civil. A solidariedade informal deve ser reconhecida e associada à ação do Estado, pois instaura uma personalização do cuidado; multiplica as possibilidades de laço desde que o Poder Público continue a se colocar como fiador do cuidado.

Diante da necessidade de se restaurar uma dignidade para a dependência, não seria preciso pensar a interdependência como um dever de viver um destino comum, junto a todas aquelas e todos aqueles que compõem a sociedade, inclusive os mais distantes das matrizes atuais de *performance* econômica ou de sucesso pessoal? Responder de forma afirmativa a essa questão equivale a questionar todas as divisões estabelecidas por nossas sociedades em nome do produtivismo e da tirania do mundo do trabalho, inclusive todos esses lugares em que

---

91 GUÉRIN, Serge. "Les révolutions de l'âge, un levier pour rajeunir l'action publique" ["As revoluções da idade, uma alavanca para rejuvenescer a ação pública"]. *In*: AUBRY, Martine (Coord.). *Pour changer de civilisation*. Paris: Odile Jacob, 2011, p. 231.

colocamos aqueles e aquelas com quem não sabemos o que fazer: os velhos, os loucos, as pessoas com deficiência, os doentes, os condenados pela justiça. Nesse sentido, o "cuidar" assume a forma de uma ética que é a da contestação da sociedade de mercado e da ideologia do indivíduo produtivo/consumidor: "a voz diferente é uma voz de resistência" segundo Gilligan.[92] Essa voz de resistência é como um ajudar a assumir diferenças, a acompanhar outras formas de vida ou ainda a se responsabilizar pelas desigualdades materiais reais em nome de uma maior justiça entre os seres humanos.[93]

### 3.4 O trabalho social

Podemos também questionar o trabalho social de acordo com a ética do cuidado, sobretudo atualmente, a partir do momento em que numerosas vozes se levantam a fim de fazer do "cuidar" uma ferramenta legítima das políticas sociais, com a finalidade de instaurar uma democracia sensível capaz de reintegrar ao laço social as vidas mais vulnerabilizadas, que se tornam dependentes dos programas sociais por causa da grande dificuldade de inserção na sociedade.

Espera-se que os trabalhadores sociais protejam os indivíduos contra a marginalização, fornecendo-lhes já de início um maior bem-estar: devem cuidar de adultos ou de crianças, de famílias, devem agir em seu favor na medida em que, sozinhos, não conseguem – ou não conseguem mais – ser responsáveis por si mesmos, não dispõem de condições de vida decente. Cuidar, ajudar, acompanhar são, portanto, ações que devem dar prova

---

92 GILLIGAN, Carol. "*Un regard prospectif à partir du passé*". *In*: NUROCK, Vanessa (Coord.). *Carol Gilligan et l'éthique du care*. Paris: PUF, 2010, p. 20.

93 TRONTO, Joan. *Un monde vulnérable*. Paris: La Découverte, 2009, p. 17.

de uma atenção cuidadosa em relação àqueles ou àquelas que ajudamos a viver melhor – ou simplesmente a sobreviver – em uma sociedade que se tornou incompreensível, uma sociedade que esses indivíduos, de alguma forma, abandonaram. O cuidado se pratica sempre por força da vulnerabilidade, em situações de vida que vão da precariedade e do desemprego à exclusão e à própria necessidade de sobrevivência.

Didier Fassin mostra, em *La raison humanitaire* [*A razão humanitária*], que esse trabalho deve ser capaz de enfrentar desafios específicos em um mundo em crise em relação ao Estado-Providência, um mundo de aparente personalização das ajudas sociais. O trabalho social é cada vez mais confrontado a um Estado à mercê de uma "razão humanitária" em que os sentimentos morais devem poder servir de justificativa para políticas operacionais. Segundo Didier Fassin, na abordagem do fato social, os poderes públicos privilegiam o compassivo ao repressivo desde o final dos anos 1980. Assim, paralelamente à mobilização nas ciências sociais da categoria do sofrimento, podemos perceber a instauração de uma clínica da exclusão, com o objetivo de compreender melhor experiências específicas referentes à dificuldade do desemprego ou à precariedade. A "razão humanitária", atualmente, faz parte do tratamento do social, alcançando até os próprios trabalhadores sociais: "sabe-se há tempos que, por um lado, o social faz sofrer sem, entretanto, enlouquecer. Por outro lado, também se sabe que esse sofrimento afeta tanto os usuários quanto os trabalhadores".[94] O laço social é objeto de um sofrimento; essa nova realidade tem como corolário o desenvolvimento da clínica psicossocial. Guillaume le Blanc desenvolveu, em *Vies ordinaires, vies précaires* [*Vidas comuns, vidas precárias*],

---

94 FASSIN, Didier. *La raison humanitaire*. Paris: Gallimard/Le Seuil, 2010, p. 55.

as condições para uma clínica do cuidado em que se articula o apoio às existências precarizadas pelo trabalho a uma arte de não coordenar demais.[95]

Mais do que nunca, nessa zona de perda das referências sociais que é a exclusão, a ética do cuidado tem um papel a cumprir; ela pode se combinar com as análises sobre o sofrimento social a partir do seu próprio questionamento acerca da exposição cada vez maior da intimidade de sujeitos cuja subjetividade está à mercê das impossibilidades de fazer e de dizer. Permite conceber o trabalho social a partir do mal-estar, das necessidades não satisfeitas, propondo uma proteção dos sujeitos em questão, contra todos os abusos de poder ou as manipulações das narrativas de vida. Ao mesmo tempo, ela se parece com uma clínica e denuncia a insuficiência dos auxílios contratuais, procedimentais ou muitas vezes burocráticos que reconhecem uma dependência em relação à ação social – uma ruptura de todo laço social para alguns – sem procurar compreender o que há de singular e de reparável nos percursos em questão.

Ora, introduzir a singularidade, começar por levar em conta as narrativas e as experiências, só é pertinente se se conseguir fornecer os meios para instaurar acompanhamentos apropriados, os quais, sozinhos, podem ajudar a restaurar a capacidade de agir e de dizer livremente. Contra uma visão da política social impessoal, que não presta atenção aos indivíduos e a suas trajetórias, o "cuidar" é uma maneira de criar o acompanhamento para que indivíduos possam restabelecer a ligação consigo mesmos e com os outros, a partir de uma restauração do amor próprio, do desejo de fazer e de ser. O cuidado caminha ao lado da defesa do que Didier Vrancken chama de

---

95 LE BLANC, Guillaume. *Vies ordinaires, vies précaires*. Paris: Le Seuil, 2007, p. 256.

CAPÍTULO III – POR UMA DEMOCRACIA SENSÍVEL

uma "nova ordem protetiva",[96] assumindo ao mesmo tempo o acompanhamento e as capacidades específicas dos indivíduos, sua vulnerabilidade e sua performatividade.

Entretanto, nada está resolvido nas políticas públicas. A concepção sagrada do político, ligada à imagem voluntarista de cidadãos que fazem parte de um contrato cujo objetivo é o de fundar uma ordem social, continua a fazer parte do Estado. Ao mesmo tempo e sem nenhuma transformação da ordem política e social, o Estado introduz o psicológico, a clínica social, os relatos biográficos em suas políticas públicas. O tratamento social passa, então, por práticas esparsas e não pensadas politicamente. Segundo Vranken, a ordem biográfica, o reconhecimento de identidades plurais, a imensa vulnerabilidade – por meio da qual o "cuidar" representa o papel de uma possível restauração de capacidades próprias – são atravessadas por muitas indecisões, contradições e instrumentalizações.

Poderíamos acrescentar que as políticas sociais feitas de forma muitas vezes improvisada, implantadas em contiguidade a trajetórias e percursos de vida só são exemplificações da biopolítica tal como a descrevia Michel Foucault:[97] controle do poder sobre nossas vidas e nossos corpos em uma sociedade do controle generalizado. Ora, justamente, pensar as políticas sociais com a ética do cuidado não deve resultar na biopolítica, mas em transformações radicais do Estado Social, o que supõe o abandono da ideologia dominante do indivíduo empreendedor de si mesmo que, em seus momentos de fracasso, pode se converter em um sujeito que se declara diante de provações. Pois o cuidado consiste mais na possibilidade de ser acolhido

---

96 VRANKEN, Didier. *Le nouvel ordre protectionnel* [*A nova ordem protetiva*]. Lyon: Parangon/Vs, 2010, introdução e capítulo I.

97 FOUCAULT, Michel. *La volonté de savoir*. Paris: Gallimard, 1976, último capítulo; e FOUCAULT, Michel. *Il faut défendre la société*. Paris: Gallimard/Le Seuil, 1997, última lição.

em função de suas necessidades e de suas capacidades (de modo a conseguir retomar uma forma de expressão social) do que na autobiografia ou na biografia social.

Desse ponto de vista, os trabalhadores sociais não são nem os emissários de um Estado que deles se serve para manter o laço social (por meio de um pipocar de auxílios diversos), nem os representantes de uma "razão humanitária", ou ainda, atores benevolentes diante de um mundo social em sofrimento. Também não são agentes de vigilância dos menores deslizes das populações beneficiárias do auxílio social. São profissionais que, de acordo com sua experiência no trabalho e graças à sua formação, elaboram competências, atualizam valores e intervêm dentro de uma preocupação com um maior bem-estar social das populações vulneráveis de que, em grande parte, eles têm o encargo. O trabalhador social é fundamentalmente um agente social que deve poder estabelecer relações de confiança com aqueles e aquelas de quem tem o encargo.

No trabalho social, atualmente, coexistem lógicas muito diversas: uma lógica de gestão (com os riscos inerentes ao controle), uma lógica dos relatos subjetivos e uma lógica de projeto (que privilegia a ação social, mais do que a assistência).[98] Ora, essas lógicas deixam pouco espaço para o trabalho do cuidado, seja transformado em benevolência inocente em relação aos indivíduos, seja quando considerado como excessivamente investido nas relações particulares ou diádicas. Deixam de lado o que faz o próprio fundamento da ética do cuidado: a preocupação com uma vulnerabilidade, cada vez maior, não somente do lado daquelas e daqueles que precisam de ajuda, mas também no campo dos próprios trabalhadores sociais (na linha de frente diante das diferentes formas de marginalização

---

98 AUTÈS, Michel. *Les paradoxes du travail social* [*Os paradoxos do trabalho social*]. 2ª ed. Paris: Dunod, 2004.

social, à mercê da usura e da inutilidade de políticas de gestão que não têm a menor preocupação com a justiça social). Ora, justamente, a ética do cuidado permite sair da contradição atual entre o exercício da razão humanitária e procedimentos de controle ou de culpabilização das comunidades ajudadas.

A competência do trabalhador social se situa dentro de uma "arte da relação"[99] que se baseia em técnicas (manutenção, animação de grupos etc.) e em um *savoir-être* (saber manter a distância adequada, nem muito perto, nem muito distante). Essa competência deve possibilitar uma forma de liberdade da pessoa ajudada (nem que seja somente a mínima liberdade de resistir ou de continuar a se perceber às margens do social). Promover essa forma de interdependência e de reciprocidade não imediata, que reconhece ao mesmo tempo cadeias de vulnerabilidade e de dignidade dos indivíduos, é fazer funcionar novamente uma ética do cuidado. A ética do cuidado tem como pré-requisito o projeto de uma sociedade decente, assim como ele é pensado por Avishai Margalit: "uma sociedade decente é uma sociedade cujas instituições não humilham as pessoas".[100] Segundo Margalit, enquanto uma sociedade civilizada se baseia em um conjunto de relações pacificadas entre os indivíduos, dando uma grande importância às relações interpessoais, a sociedade decente retoma um nível mais arcaico da realidade social que é o das instituições. Não é o caso de preconizar um modelo de sociedade que se enraizaria em uma forma humanitária de conceber o outro com compaixão, mas de estruturar o laço social de modo que todo ser humano possa ver qualquer outro ser humano como humano e não como um

---

99 AUTÈS, Michel. *Les paradoxes du travail social*. 2ª ed. Paris: Dunod, 2004, pp. 237-239.

100 MARGALIT, Avishai. *La société décente* [*A sociedade decente*]. Montpellier: Climats, 1999, p. 13.

humano inferior (colonialismo) ou como um humano invisível (os migrantes, os trabalhadores clandestinos).

Se a ética do cuidado pode servir para repensar o trabalho social por meio da preocupação real com as vidas humanas, ela não deve esquecer, entretanto, que, de modo geral, um Estado Social deve tornar possível uma vida não humilhante: capacidade de ler e de escrever, capacidades técnicas fundamentais, possibilidade de se cuidar, de ter uma renda e uma moradia em boas condições, de ter acesso aos bens comuns. A ética do cuidado só pode servir de base para políticas públicas a partir do momento em que não permanece ligada aos sentimentos morais e à glorificação do próximo em detrimento do distante. Qual é o interesse de se recorrer ao cuidado no campo do social? Ele permite defender uma concepção do indivíduo social vulnerável, que é, entretanto, portador de uma capacidade própria de agir. Enquanto o Estado-Providência se baseia em um indivíduo prestador de serviços cuja identidade foi moldada pelo pertencimento ao mundo do trabalho, um Estado inspirado pelo cuidado se dirige a todos os indivíduos, até às populações mais invisíveis que atualmente escapam das prestações monetárias padronizadas; uma política do cuidado começa por tornar político o infrapolítico.

### 3.5 Qual democracia sensível na França?

Para além das diferentes disposições práticas por meio das quais uma política do "cuidar" se torna viável em situações ligadas à pequena infância, à deficiência, às doenças de longa duração, à velhice e à urgência social, podemos dar duas orientações à democracia sensível, que o cuidado pode promover em um país como a França.

A primeira consiste no fato de que a política não pode deixar de lado a perspectiva social de um "cuidar" que faça

## CAPÍTULO III – POR UMA DEMOCRACIA SENSÍVEL

com que populações invisibilizadas ou estigmatizadas (como foi o caso das pessoas sem domicílio fixo durante o verão de 2010 na França) se integrem novamente ao laço social. É o caso, então, de encontrar os meios de restaurar capacidades de agir que sirvam de escora para vidas precarizadas, desconsideradas. Fazer política consiste em promover – no trabalho social financiado pelo Estado, nas políticas territoriais – formas institucionais de acompanhamento das pessoas vulnerabilizadas, reconhecendo que a integração dos direitos é insuficiente quando não é complementada por meios capazes de restaurar concretamente a autonomia dos indivíduos, as negociações entre poderes públicos e populações afetadas (em nome de uma democracia da igualdade de vozes, o que certamente também pressupõe da parte das populações em questão um respeito às regras da República). O "cuidar" é um princípio de redistribuição cuja finalidade é a passagem da dependência sofrida à interdependência assumida.

A segunda consiste em preconizar um novo espírito das políticas públicas para afirmar que a reativação da economia produtiva e a imagem de um bem-estar voltado para as taxas de crescimento não são suficientes. A política do cuidado implica dar novos direitos, o direito de receber cuidados e de ser verdadeiramente reconhecido em uma relação dedicada aos outros, para o bom funcionamento da sociedade. Além disso, é preciso ir contra o espírito atual de avaliação, copiado da gestão privada, que privilegia o quantitativo em detrimento do qualitativo, os números em vez das reais competências das pessoas no trabalho, a fim de promover uma concepção dos serviços públicos baseados nos usos, na sua democratização e nas práticas já existentes em alguns pontos do território nacional. Isso supõe uma ampliação da estrutura pública que compreenda laços estreitos com as associações, as organizações humanitárias, as instâncias de participação cidadã, de acordo com a ideia do respeito ao interesse geral.

Contra um Estado cada vez mais vertical e autoritário, é preciso que haja políticas públicas atentas à expressão da capacidade de agir dos cidadãos, coletiva e individualmente. O serviço público deve reencontrar o caminho da proximidade com todos os seus usuários, ao invés de ser devastado por ditames vindos de cima, por modos de organização que custam caro pelo fato de desconstruírem para reconstruir, em detrimento dos próprios atores sociais.[101] Um Estado conforme o cuidado não se faz sem a sociedade civil, compreendida em toda a sua pluralidade. Recomeçar a partir das diferenças, sem com isso renunciar a construir um mundo comum, é devolver um poder de criação à sociedade, contra os riscos de uma sociedade excessivamente homogênea, aprisionada por normas e regras de reprodução social.

A ética do cuidado visa transformar o mundo social, a inventar uma sociedade pluralista em oposição a qualquer sociedade estatutária; ela trata de propor, nessa época de crise e de segregação, a emancipação real.

---

101 BONELLI, Laurent; PELLETIER, Willy (Coord.). *L'État démantelé* [*O Estado desmantelado*]. Paris: La Découverte, 2010, sobretudo "O novo gerenciamento público".

# CONCLUSÃO

A ética do cuidado, tanto em sua dimensão de preocupação como de cuidado, descontrói a possibilidade de uma grande narrativa coletiva que englobaria, de forma impessoal e sem distinção, todos os indivíduos. A afirmação das liberdades e do espírito de autonomia deve ser posta novamente, desde sua base, em um mundo interdependente, por meio da análise das formas de vulnerabilidade e de injustiça com as quais se relaciona.

Aliás, trata-se, na verdade, de voltar o olhar para o comum, o ordinário, os sujeitos de carne e osso e de relação que somos. Se a ética do cuidado pode ser objeto de uma política, é na medida em que estabelece uma posição de defesa contra as derivas tanto mercantis quanto burocráticas de nossas sociedades. Reconhecendo coletivamente a necessidade de se interessar pelos outros em sua concretude, propondo que se instaure politicamente uma maior justiça social, ela funciona como uma alternativa contra um neoliberalismo globalizado e homogêneo que deixa cada vez mais pessoas à margem.[102] "Cuidar" daqueles e daquelas que estão confrontados com a vulnerabilidade é providenciar os meios de efetivar um

---

102 É, em parte, com esse objetivo que Martine Aubry, primeira secretária do Partido Socialista Francês, encontrou a sociedade do *Care* durante a primavera de 2010.

compartilhamento das riquezas e dos poderes contra toda oligarquia, de instaurar realmente um mundo comum entre as mulheres e os homens, os pobres e os ricos, os migrantes e os nacionais, o norte e o sul.

Implementar uma ética do cuidado é lembrar que um projeto de sociedade não poderia abranger somente aqueles e aquelas que sonham com *performance* individual, com dinheiro e poder. Ele também deve dar conta dos diferentes percursos individuais que exprimem o desejo de outras formas de sucesso na vida. Deve tornar possível o apoio aos indivíduos em nome de um bem-estar ao mesmo tempo coletivo e individual e de uma consideração conjunta dos sujeitos de direito e de necessidade. A ética do cuidado conduz a uma política do cuidado e a uma reforma do Estado Social, que teria o valor de uma nova consolidação das políticas públicas à luz das grandes transformações atuais.

# BIBLIOGRAFIA

## 1 Referências bibliográficas

AUDARD, Catherine. "Le libéralisme démocratique de John Rawls". *In*: _____. *Qu'est-ce que le libéralisme?* Paris: Gallimard, 2009.

AUDIER, Serge. *Le colloque Lippmann*: aux origines du néo-libéralisme. Lormont/Bordeaux: Éditions Le bord de l'eau, 2008.

AUTÈS, Michel. *Les paradoxes du travail social*. 2ª ed. Paris: Dunod, 2004.

BAIER, Annette. "The Need for more than justice". *In*: CUDD, Ann; ANDREASEN, Robin (Coord.). *Feminist Theory*. Oxford: Blackwell Publishing, 2005.

BENHABIB, Seyla. "The Generalized and the concrete other". *In*: BENHABIB, Seyla; CORNELL, Drucilla (Coord.). *Feminism as critique*. Minneapolis: University of Minnesota Press, 1987.

BONELLI, Laurent; PELLETIER, Willy (Coord.). *L'État démantelé*. Paris: La Découverte, 2010.

BROWN, Wendy. *Les habits neufs de la politique mondiale*. Paris: Les Prairies Ordinaires, 2007.

BRUGÈRE, Fabienne. "Pour une théorie générale du care". *La vie des idées*, 08 maio 2009. Disponível em: https://laviedesidees.fr/Pour-une-theorie-generale-du-care.html. Acessado em: 09.01.2023.

_____. *Le sexe de la sollicitude*. Paris: Le Seuil, 2008.

BUTLER, Judith. *La vie psychique du pouvoir*. [S.l.]: Léo Scheer éditions, 2002.

_____. *Le pouvoir des mots*. Paris: Éditions Amsterdam, 2004.

_____. *Le récit de soi*. Paris: PUF, 2007.

_____. *Vie précaire*. Paris: Éditions Amsterdam, 2005.

CHODOROW, Nancy. *The reproduction of mothering*. Berkeley: University of California Press, 1978.

FASSIN, Didier. *La raison humanitaire*. Paris: Gallimard/Le Seuil, 2010.

FOUCAULT, Michel. *Il faut défendre la société*. Paris: Gallimard/Le Seuil, 1997.

_____. *La volonté de savoir*. Paris: Gallimard, 1976.

_____. *Naissance de la biopolitique*. Paris: Gallimard/Le Seuil, 2004.

FRASER, Nancy. "After the family wage: a postindustrial thought experiment". *In*: ZIMMERMAN, Mary; LITT, Jackie; BOSE, Chris (Coord.). *Global dimensions of gender and Carework*. Stanford: Stanford University Press, 2006.

GARRAU, Marie. "La théorie politique à l'épreuve de la vulnérabilité". *Intersections philosophiques*, Presses Universitaires de Paris-X, nov. 2006.

GARRAU, Marie; LE GOFF Alice. *Care, justice et dépendance*. Paris: PUF, 2010.

GILLIGAN, Carol. "Moral orientation and moral development". *In*: KITTAY, Eva F.; MEYER, Diana (Coord.). *Women and Moral Theory*. Lanham: Rowman & Littlefield, 1987.

_____. "Un regard prospectif à partir du passé". *In*: NUROCK, Vanessa (Coord.). *Carol Gilligan et l'éthique du care*. Paris: PUF, 2010.

_____. *In a different voice*. Cambridge: Harvard University Press, 1982.

_____. *Une voix différente*. Paris: Flammarion, 2008.

GOODIN, Robert. *Protecting the vulnerable*. Chicago: University of Chicago Press, 1985.

GUÉRIN, Serge. "Les révolutions de l'âge, un levier pour rajeunir l'action publique". *In*: AUBRY, Martine (Coord.). *Pour changer de civilisation*. Paris: Odile Jacob, 2011.

HELD, Virginia. *The Ethics of Care*. Oxford: Oxford Uiversity Press, 2006.

HIRSCHMAN, Albert. *Les passions et les intérêts*. Paris: PUF, 2001.

HONNETH, Axel. *La société du mépris*. Paris: La Découverte, 2006.

KITTAY Eva F.; CARLSON, Licia (Coord.). *Cognitive disability and its challenge to moral philosophy*. Chichester: Wiley-Blackwell, 2010.

KITTAY, Eva F. *Love's labor*: essays on women, equality and dependency. Nova York: Routledge, 1999.

LE BLANC, Guillaume. *Vies ordinaires, vies précaires*. Paris: Le Seuil, 2007.

LEWIS, Jane. *Gender, social care and Welfare Sate restructuring in Europe*. Aldershot: Ashgate, 1998.

MALABOU, Catherine. *Ontologie de l'accident*. Paris: Éditions Léo Scheer, 2009.

MARGALIT, Avishai. *La société décente*. Montpellier: Climats, 1999.

_____. *L'éthique du souvenir*. Paris: Climats, 2006.

MEDA, Dominique; PERIVIER, Hélène. *Le deuxième âge de l'émancipation des femmes*. Paris: Le Seuil, 2007.

NODDINGS, Nel. "Caring". *In*: HELD, Virginia (Coord.). *Justice and Care*: essential readings in feminist ethics. Boulder: Westview Press, 1995.

NUROCK, Vanessa (Coord.). *Carol Gilligan et l'éthique du care*. Paris: PUF, 2010.

OKIN, Susan Moller. "Women and the making of the sentimental family". *Philosophy and Public Affairs*, Princeton, vol. 11, 1981.

_____. *Justice, genre et famille*. Paris: Flammarion, 2008.

PATEMAN, Carole. *Le contrat sexuel*. Paris: La Découverte, 2010.

RAWLS, John. *Libéralisme politique*. 2ª ed. Paris: PUF, 2006.

_____. *Théorie de la justice*. 2ª ed. Paris: Le Seuil, 1997.

RICŒUR, Paul. *Soi-même comme un autre*. Paris: Le Seuil, 1990.

RUDDICK, Sara. *Maternal thinking*: toward a politics of peace. Boston: Beacon Press, 1995.

_____. "Injustice in families: assault and domination". *In*: HELD, Virginia (Coord.). *Justice and Care*: essential readings in feminist ethics. Boulder: Westview Press, 1995.

SEN, Amartya. "Equality of what? The Tanner Lecture on human values". *In*: McMURRIN, Sterling M. (Coord.). *Liberty, equality and law*: selected Tanner Lectures. Cambridge: Cambridge University Press, 1989.

_____. *Repenser l'inégalité*. Paris: Le Seuil, 2000.

SENNETT, Richard. *Respect*: de la dignité de l'homme dans un monde d'inégalité. Paris: Albin Michel, 2005 [2002].

SPIVAK, Gayatri. *Les subalternes peuvent-elles parler?* Paris: Éditions Amsterdam, 2009.

SUPIOT, Alain. *L'esprit de Philadelphie*. Paris: Le Seuil, 2010.

TAYLOR, Charles. *Multiculturalisme*. Paris: Champs Flammarion, 1994.

TRONTO, Joan. *Moral boundaries*. Nova York: Routledge, 1993.

_____· *Un monde vulnérable*. Paris: La Découverte, 2009.

VRANKEN, Didier. *Le nouvel ordre protectionnel*. Lyon: Parangon/Vs, 2010.

WINNICOTT, Donald W. "Élaboration de la capacité de solicitude". *Conferência feita na Société Psychanalytique de Topeka*, 12 out. 1962.

_____· *Jeu et réalité*. Paris: Gallimard, 1975.

WITTIG, Monique. *La pensée straight*. Paris: Éditions Amsterdam, 2007.

YOUNG, Iris. *Justice and the Politics of Difference*. Princeton: Princeton University Press, 1990.

ZIMMERMAN, Mary; LITT, Jackie; BOSE, Chris (Coord.). *Global dimensions of gender and Carework*. Stanford: Stanford University Press, 2006.

## 2 Os grandes textos fundadores

ANNETTE, Baier. *Moral prejudices*: essays on ethics. Cambridge: Harvard University Press, 1995.

GILLIGAN, Carol. *In a different voice*. Cambridge: Harvard University Press, 1982.

_____· *Une voix différente*. Paris: Flammarion, 2008.

HELD, Virginia (Coord.). *Justice and Care*: essential readings in feminist ethics. Boulder: Westview Press, 1995.

_____· *The Ethics of Care*. Oxford: Oxford Uiversity Press, 2006.

KITTAY, Eva F. *Love's labor*: essays on women, equality and dependency. Nova York: Routledge, 1999.

NODDINGS, Nel. *Caring*: a feminine approach to ethics and moral education. Berkeley: University of California Press, 1984.

OKIN, Susan Moller. *Justice, gender, and the family*. Nova York: Basic Books, 1989.

_____. *Justice, genre et famille*. Paris: Flammarion, 2008.

TRONTO, Joan. *Caring democracy*: markets, equality, and justice. Nova York: New York University Press, 2013.

_____. *Moral boundaries*. Nova York: Routledge, 1993.

_____. *Un monde vulnérable*. Paris: La Découverte, 2009.

3 A recepção da ética do cuidado

Livros

BRUGÈRE, Fabienne. *La politique de l'individu*. Paris: Le Seuil, 2013.

_____. *Le sexe de la sollicitude*. Paris: Le Seuil, 2008.

GARRAU, Marie; LE GOFF Alice (Coord.). *Politiser le care?* Perspectives sociologiques et philosophiques. Lormont/Bordeaux: Le bord de l'eau, 2012.

_____. *Care, justice et dépendance*. Paris: PUF, 2010.

KREBS, Angelina. *Arbeit und Liebe*: Die philosophischen Grundlagen sozialer Gerechtigkeit. Frankfurt am Main: Suhrkamp, 2002.

LE BLANC, Guillaume. *Que faire de notre vulnérabilité?* Paris: Bayard, 2011.

NUROCK, Vanessa (Coord.). *Carol Gilligan et l'éthique du care*. Paris: PUF, 2010.

PAPERMAN, Patricia; LAUGIER, Sandra (Coord.). *Le souci des autres*: éthique et politique du care. Paris: Éditions de l'EHESS, 2005.

Revistas

ESPRIT. "Les nouvelles figures du soin", jan. 2006; "La vie dans le grand âge", jul. 2010.

PRATIQUES: Les cahiers de la médecine utopique. "Féminin invisible: la question du soin", jan. 2011.

REVUE DU MAUSS. "L'amour des autres: care, compassion et humanitarisme", nº 31, La Découverte/*MAUSS*, segundo semestre 2008.

REVUE FRANÇAISE DE SOCIO-ECONOMIE. "Le care: entre transactions familiales et économie des services", segundo semestre 2008.

## 4 Documento

ROY, Bernard; PETIPAS, Judith. *Louise Gareau, infirmière de combats*: entrevistas de Bernard Roy com Louise Gareau. Québec: Presses Universitaires de Laval, 2008.

## 5 Coleção

A coleção "Care Studies" em Presses Universitaires de France, dirigida por Fabienne Brugère e Claude Gautier, dedicada às teorias do cuidado, oferece pontos de vista múltiplos e críticos de leitura nos campos referentes ao gênero, ao feminismo, à ética, à política, à filosofia e à sociologia.

A Editora Contracorrente se preocupa com todos os detalhes de suas obras! Aos curiosos, informamos que este livro foi impresso no mês de março de 2023, em papel Pólen Natural 80g, pela Gráfica Grafilar.